Theodor Storm

Stimmen, die über der Tiefe sind

Gedichte und Briefe

Theodor Storm

Stimmen, die über der Tiefe sind

Gedichte und Briefe

Herausgegeben von Heinz Siedler
Illustriert von Ursula Kirchberg

Gerstenberg Verlag

Die Auszüge aus Briefen Theodor Storms an Dorothea Jensen und an Klaus Groth wurden abgedruckt mit freundlicher Genehmigung der Westholsteinischen Verlagsanstalt Boyens & Co., Heide (aus: Schriften der Theodor-Storm-Gesellschaft 28, 1979, und 4, 1955).

Der Verlag hat sich bemüht, alle Personen und Verlage ausfindig zu machen, deren Rechte durch die vorliegende Anthologie berührt werden. In jenen Fällen, in denen dies nicht möglich war, konnte ausnahmsweise keine Nachdruckgenehmigung eingeholt werden. Honoraransprüche der Autoren oder ihrer Erben bleiben gewahrt.

Die Deutsche Bibliothek - CIP-Einheitsaufnahme

Storm, Theodor:
Stimmen, die über der Tiefe sind / Theodor Storm. Ill. von
Ursula Kirchberg. Hrsg. von Heinz Siedler. - 1. Aufl. -
Hildesheim: Gerstenberg, 1992
ISBN 3-8067-4655-9

1. Auflage 1992
Copyright © 1992 Gerstenberg Verlag, Hildesheim
Alle Rechte vorbehalten, auch die der auszugsweisen
Vervielfältigung, gleich durch welche Medien.
Gesamtherstellung: Gerstenberg Druck GmbH, Hildesheim
ISBN 3-8067-4655-9

Die graue Stadt am Meer

Heimat und Herkunft

Aus Theodor Storms Festrede anläßlich seines 70. Geburtstags 1887

In der Landschaft, wo ich geboren wurde, liegt freilich nur für den, der die Wünschelrute zu handhaben weiß, die Poesie auf Heiden und Mooren, an der Meeresküste und auf den feierlich schweigenden Weideflächen hinter den Deichen. Die Menschen selber dort brauchen die Poesie nicht und suchen nicht danach. Man sagt von jungen Rossen, daß sie knappes Futter haben müssen, wenn sie werden sollen, was sie werden können. Gilt das auch von Menschen? So bin ich in der Kunst der Poesie glücklich dran gewesen. Die Gelehrtenschule meiner Vaterstadt Husum wußte nichts von dieser Kunst. In unserem Hause war ein Schiller, von Goethe nur Hermann und Dorothea und dann vom Großvater her ein Chodowiecki-Band des alten Wandsbecker Boten. Erst die Hildburghauser Kabinett- und Miniaturausgaben brachten uns eine Menge Dichtungen, aber von Poeten, die damals wohl schon meist vergessen waren, freilich Bürgers Leonore und Wielands Oberon waren dazwischen. Aber von dem, was eben lebendig aufgetreten war, von den Romantikern, von Uhland, Eichendorff, Rückert, wurde uns damals nichts gebracht. Meine letzte poetische Arbeit über den Israeliten Mathatias erhielt ich vom Rektor ohne Korrektur zurück, er sei kein Dichter. Ich hatte, als mein Vater mich aus der Prima der alten Husumer Gelehrtenschule auf das Lübecker Gymnasium schickte, keine Ahnung, daß gleichzeitig mit mir Dichter wie Uhland oder Eichendorff auf der Welt seien. In Lübeck aber, wo eine höhere Luft wehte, traten zwei für mich bedeutende Ereignisse in mein Leben. Ich lernte Goethes Faust und Heines Buch der Lieder kennen. Mag man von diesen sagen was man will oder kann: ein Dichter wird sie nie verleugnen können. Mir war – ein

9

Jüngerer wird sich von diesem Eindrucke keine Vorstellung machen können –, als sei plötzlich ein Vorhang und noch einer zerrissen und ich blickte zum ersten Male in eine Welt, aus der die Poesie mit ihren Sternenaugen auf mich schaute. Dann kam noch Eichendorff und später Eduard Mörike hinzu. So war ich mit denen bekannt, die bestimmend auf meine eigene Kunst einwirkten. Ich wurde ihr Schüler, niemals ihr Nachahmer, davor bewahrte mich meine selbständige Natur.

Westermühlen

Bei diesem Worte steigt ein ganzes Wald- und Mühlenidyll in mir auf; das kleine in Busch und Baum begrabene Dorf war die Geburts- und Heimstätte meines Vaters; hier lebten und wirtschafteten in meinen ersten Lebensjahren noch die beiden Eltern meines Vaters.

Fünf Meilen etwa, durch meist kahle Gegend, führte aus meiner Vaterstadt der Weg dahin; dann aber ist mir, als habe plötzlich warmer Baumschatten mich umfangen, ein paar niedrige Strohdächer sahen seitwärts aus dem Laube heraus, zur Linken hörte ich das Rauschen und Klappern einer Wassermühle, und der Wagen, auf dem ich saß, fuhr über knirschenden Kies in eine dämmerige Tiefe. Wasser spritzte von den Rädern: wir fuhren durch ein kleines Gewässer, in dessen dunkle Flut Erlen und größere Waldbäume ihre Zweige von beiden höheren Ufern herabsenkten. Aber schon nach kaum hundert Schritten ging es wieder aufwärts, dann linksherum, und auf einem freien Platze und festem Boden rasselte der Wagen vor das zur Rechten liegende Müllerhaus, und mir ist noch, als sähe

11

ich als etwa zweijähriges Bürschlein wie Schattengestalten meine
Großeltern, den kleinen strengen Großvater und die kleine runde
Großmutter, aus der etwas höher belegenen und von zwei Seiten-
bänken flankierten Haustür uns entgegentreten, die wie die zu
beiden Seiten gelegenen hohen Fenster des langgestreckten schwar-
zen Hauses von den Kronen der davorstehenden Linden umdunkelt
waren. Es ist das einzige Mal, daß ich die Eltern meines Vaters mit
kaum bewußten Augen sah; es ist lange her, fast siebzig Jahre. Von
dem durch Lindengrün umdüsterten Hause sah man über den da-
vorliegenden freien Platz, von der linken Seite beginnend, zunächst
auf einen Baum- und Obstgarten, welcher sich nach dem soeben
von uns durchfahrenen schwarzen Wasser hinabsenkte; daran
schlossen sich in gleicher Linie Ställe und Wirtschaftsgebäude; dann
das alte schütternde Fachwerkgebäu der Wassermühle, und hinter
dieser eine Holzbrücke, unter welcher der Mühlstrom sich hin-
durch- und rauschend in die Speichen der großen Räder stürzte;
aber Obstgarten, Stallungen, Mühle und Brücke, alles – wenn
meine Erinnerung mich nicht trügt – lag unter den Wipfeln unge-
heurer Eichbäume, wie ich sie nie zuvor zu Hause bei uns gesehen
hatte.

Hinter dem Wohnhause war ein großer Garten, voll von Obst-
bäumen, Zentifolien und Lavendel; er hatte seine größte Breite
nach rechts vom Hause aus; der von dorther durch Wiesen kom-
mende Mühlstrom bildete in breiterer Ausdehnung hier seine
Grenze; in der äußeren Ecke des Gartens, der auch dort noch einige
Schritte über die Linie des Hauses hinausragte, stand ich eines Tages
verwundert vor einem mit hohem Buchenzaune abgegrenzten vier-
eckigen Raume; hinübergucken konnte ich nicht; aber während
ich stand, kam stetes melodisches Summen aus dem Innern. Ich
hatte dergleichen nie gesehen und schlich neugierig an den Seiten
herum, bis ich eine im Zaune halbversteckte schmale Brettertür
fand, über welcher ich mit meinem Kopfe mir bald freie Einschau
in den inneren Raum verschaffte; denn hereindringen konnte ich

nicht; sie war verschlossen. Eine Reihe von Bienenkörben stand auf zwei Seiten neben- und übereinander auf hölzernen Gestellen; eine Drahtmaske, ein Sack lagen daneben im Grase; das tönende Geziefer summte von allen Körben. Das war ein „Immenhof", wie ich späterhin erfuhr, wie man sie dort zum Schutz der Bienen anpflanzte. Ich habe während meiner Knabenzeit diese Plätze, auch später an der Hand meines Onkels oder eines älteren Vetters, stets mit einem Gefühl von Andacht betreten, als näherte ich mich einem lieblichen Naturgeheimnis.

Treten wir über die paar steinernen Treppenstufen an der Frontseite in das Wohnhaus! Auf dem geräumigen Flur, an den Seiten unter zweien Fenstern befinden sich große Kisten mit abgeschrägtem Klappdeckel; sie bergen das dem Müller von dem vermahlenen Korne zukommende Mehl, von dem im Hause verkauft wird; eine große Treppe führt nach dem Boden hinauf; links und rechts nach vorn heraus zwei geräumige Zimmer; das zur Linken das Wohnzimmer, in einer Ecke zwei Flügeltüren mit Glasscheiben, die zu einem Alkoven führten, dem Schlafraume des alten Ehepaares. Eine Tür in derselben Wand ging in die gleichfalls große nach dem Garten hinaussehende Küche, wo ich später oftmals staunend neben dem alten Herde stand und staunend zusah, wie Möddely Marieken den in der Pfanne prasselnden Pfannkuchen plötzlich in die Höhe schleuderte, wie er in der Luft sich wandte und dann jedesmal genau mit der noch ungebackenen Seite wieder in die Pfanne klatschte. Ich höre noch das Lachen der Genugtuung, wenn ich der Alten meine Bewunderung über dies Kunststück aussprach; und der nächste Pfannkuchen pflegte dann meist noch um einen Fuß höher zu fliegen.

Westermühlen

Die Heimat hier und hier dein erster Traum!
Das Mühlrad rauscht, so lustig stäubt der Schaum,
Und unten blinkt der Bach in tiefem Schweigen,
Ein Spiegelgrund, drin blau der Himmel ruht.
Vom Ufer rings mit ihren dunklen Zweigen
Taucht sich die Erle in die klare Flut.
Horch, Peitschenknall und muntrer Pferdetrab!
Die Räder knirschen durch den feuchten Sand.
Halt an, halt an! Nun sacht den Berg hinab
Und durch den Bach zum andern Uferrand.
Dann wieder aufwärts links den Weg entlang
Hinauf zur Mühle mit des Kornes Last,
Wo von der Eiche unermüdlich klang
Der Stare fröhlich Plaudern hoch vom Ast.
Zehn Schritte noch, da steht im Schattengrunde
Der Linden halbversteckt das Müllerhaus;
Der Müller mit der Tabakspfeif im Munde
Lehnt in der Tür und schaut behaglich aus.

Über die Heide

Über die Heide hallet mein Schritt;
Dumpf aus der Erde wandert es mit.

Herbst ist gekommen, Frühling ist weit –
Gab es denn einmal selige Zeit?

Brauende Nebel geisten umher;
Schwarz ist das Kraut und der Himmel so leer.

Wär ich hier nur nicht gegangen im Mai!
Leben und Liebe, – wie flog es vorbei!

Storm über seine Erziehung und Entwicklung

Erzogen wurde wenig an mir; aber die Luft des Hauses war gesund; von Religion oder Christentum habe ich nie reden hören; ein einzelnes Mal gingen meine Mutter oder Großmutter wohl zur Kirche, oft war es nicht; mein Vater ging gar nicht, auch von mir wurde es nicht verlangt. So stehe ich dem sehr unbefangen gegenüber; ich habe durchaus keinen Glauben aus der Kindheit her, weiß also auch in dieser Beziehung nichts von Entwicklungskämpfen; ich staune nur mitunter, wie man Wert darauf legen kann, ob jemand über Urgrund oder Endzweck der Dinge dies oder jenes glaubt oder nicht glaubt. Ich wüßte nicht, daß bis zu meinem achtzehnten Lebensjahre irgend ein Mensch – in specie Lehrer, es sei denn Lena Wies – Einfluß auf mich geübt, dagegen habe ich durch Örtlichkeiten starke Eindrücke empfangen; durch die Heide, die damals noch zwischen Husum und einem Dorfe lag, wohin ich fast alle vierzehn Tage mit dem Sohne des dortigen Predigers, der die Gelehrtenschule in Husum besuchte, ging; durch den einsamen Garten meiner Urgroßmutter, durch den mit alten Bildern bedeckten „Rittersaal" des Husumer Schlosses usw.; auch durch die Marsch, die sich dicht an die Stadt schließt, und das Meer, namentlich den bei der Ebbe so großartig öden Strand der Nordsee.

Gelernt habe ich niemals etwas Ordentliches; und auch das Arbeiten an sich habe ich erst als Poet gelernt. Dies ist buchstäblich wahr; mir fehlt ganz das Talent des Lernens.

Weshalb ich mich der Jurisprudenz ergab? Es ist das Studium, das man ohne besondere Neigung studieren kann; auch war mein Vater ja Jurist. Da es die Wissenschaft des gesunden Menschenverstandes ist, so wurde ich auch wohl leidlich mit meinem Richteramt fertig.

16

Mein richterlicher und poetischer Beruf sind meistens in gutem Einvernehmen gewesen, ja ich habe (es) sogar oft als eine Erfrischung empfunden, aus der Welt der Phantasie in die praktische des reinen Verstandes einzukehren und umgekehrt.

Aus einem Brief an die Eltern, Potsdam, 10. Mai 1854

Wie glücklich wäre ich, könnte ich so recht in und mit der Natur leben. Das ist wohl ein Erbteil und diese Neigung nimmt mit jedem Jahre zu. –

Ein grünes Blatt

Ein Blatt aus sommerlichen Tagen,
Ich nahm es so im Wandern mit,
Auf daß es einst mir möge sagen,
Wie laut die Nachtigall geschlagen,
Wie grün der Wald, den ich durchschritt.

17

Die Stadt

Am grauen Strand, am grauen Meer
Und seitab liegt die Stadt;
Der Nebel drückt die Dächer schwer,
Und durch die Stille braust das Meer
Eintönig um die Stadt.

Es rauscht kein Wald, es schlägt im Mai
Kein Vogel ohn Unterlaß;
Die Wandergans mit hartem Schrei
Nur fliegt in Herbstesnacht vorbei,
Am Strande weht das Gras.

Doch hängt mein ganzes Herz an dir,
Du graue Stadt am Meer;
Der Jugend Zauber für und für
Ruht lächelnd doch auf dir, auf dir,
Du graue Stadt am Meer.

Am Fenster lehn ich, müd verwacht

Am Fenster lehn ich, müd verwacht.
Da ruft es so weithin durch die Nacht. –

Hoch oben hinter Wolkenflug
Hinschwimmt ein Wandervogelzug.

Sie fahren dahin mit hellem Schrei
Hoch unter den Sternen in Lüften frei.

Sie sehn von fern den Frühling blühn,
Wild rauschen sie über die Lande hin.

O Herz, was ist's denn, das Dich hält?
Flieg mit, hoch über der schönen Welt!

Dem wilden Schwarm gesell Dich zu;
Vielleicht siehst auch den Frühling Du!

Dann gib noch einmal aus Herzensdrang
Einen Laut, ein Lied, wie es einstens klang!

Die Möwe und mein Herz

Hin gen Norden zieht die Möwe,
Hin gen Norden zieht mein Herz;
Fliegen beide aus mitsammen,
Fliegen beide heimatwärts.

Ruhig, Herz! du bist zur Stelle;
Flogst gar rasch die weite Bahn –
Und die Möwe schwebt noch rudernd
Überm weiten Ozean.

Februar

Im Winde wehn die Lindenzweige,
Von roten Knospen übersäumt;
Die Wiegen sind's, worin der Frühling
Die schlimme Winterzeit verträumt.

April

Das ist die Drossel, die da schlägt,
Der Frühling, der mein Herz bewegt;
Ich fühle, die sich hold bezeigen,
Die Geister aus der Erde steigen.
Das Leben fließet wie ein Traum –
Mir ist wie Blume, Blatt und Baum.

21

Ostern

Es war daheim auf unserm Meeresdeich;
Ich ließ den Blick am Horizonte gleiten,
Zu mir herüber scholl verheißungsreich
Mit vollem Klang das Osterglockenläuten.

Wie brennend Silber funkelte das Meer,
Die Inseln schwammen auf dem hohen Spiegel,
Die Möwen schossen blendend hin und her,
Eintauchend in die Flut die weißen Flügel.

Im tiefen Kooge bis zum Deichesrand
War sammetgrün die Wiese aufgegangen;
Der Frühling zog prophetisch über Land,
Die Lerchen jauchzten und die Knospen sprangen. –

Entfesselt ist die urgewalt'ge Kraft,
Die Erde quillt, die jungen Säfte tropfen,
Und alles treibt, und alles webt und schafft,
Des Lebens vollste Pulse hör ich klopfen.

Der Flut entsteigt der frische Meeresduft;
Vom Himmel strömt die goldne Sonnenfülle;
Der Frühlingswind geht klingend durch die Luft
Und sprengt im Flug des Schlummers letzte Hülle.

O wehe fort, bis jede Knospe bricht,
Daß endlich uns ein ganzer Sommer werde;
Entfalte dich, du gottgebornes Licht,
Und wanke nicht, du feste Heimaterde! –

Hier stand ich oft, wenn in Novembernacht
Aufgor das Meer zu gischtbestäubten Hügeln,
Wenn in den Lüften war der Sturm erwacht,
Die Deiche peitschend mit den Geierflügeln.

Und jauchzend ließ ich an der festen Wehr
Den Wellenschlag die grimmen Zähne reiben;
Denn machtlos, zischend schoß zurück das Meer –
Das Land ist unser, unser soll es bleiben!

Waldweg
Fragment

Durch einen Nachbarsgarten ging der Weg,
Wo blaue Schlehn im tiefen Grase standen;
Dann durch die Hecke über schmalen Steg
Auf eine Wiese, die an allen Randen
Ein hoher Zaun vielfarb'gen Laubs umzog;
Buscheichen unter wilden Rosenbüschen,
Um die sich frei die Geißblattranke bog,
Brombeergewirr und Hülsendorn dazwischen;
Vorbei an Farrenkräutern wob der Eppich
Entlang des Walles seinen dunklen Teppich.
Und vorwärtsschreitend störte bald mein Tritt
Die Biene auf, die um die Distel schwärmte,
Bald hörte ich, wie durch die Gräser glitt
Die Schlange, die am Sonnenstrahl sich wärmte.
Sonst war es kirchenstill in alle Weite,
Kein Vogel hörbar; nur an meiner Seite
Sprang schnaufend ab und zu des Oheims Hund;
Denn nicht allein wär ich um solche Zeit
Gegangen zum entlegnen Waldesgrund;
Mir graute vor der Mittagseinsamkeit. –
Heiß war die Luft, und alle Winde schliefen;
Und vor mir lag ein sonnig offner Raum,
Wo quer hindurch schutzlos die Steige liefen
Wohl hatt ich's sauer und ertrug es kaum;
Doch rascher schreitend überwand ich's bald.
Dann war ein Bach, ein Wall zu überspringen;

Dann noch ein Steg, und vor mir lag der Wald,
In dem schon herbstlich rot die Blätter hingen.
Und drüberher, hoch in der blauen Luft,
Stand beutesüchtig ein gewalt'ger Weih,
Die Flügel schlagend durch den Sonnenduft;
Tief aus der Holzung scholl des Hähers Schrei.
Herbstblätterduft und Tannenharzgeruch
Quoll mir entgegen schon auf meinem Wege,
Und dort im Walle schimmerte der Bruch,
Durch den ich meinen Pfad nahm ins Gehege.
Schon streckten dort gleich Säulen der Kapelle
Ans Laubgewölb die Tannenstämme sich;
Dann war's erreicht, und wie an Kirchenschwelle
Umschauerte die Schattenkühle mich.

25

Aus einem Brief an Emil Kuh, Frühjahr 1873

Bedeutende Entwicklungskämpfe hat mein Leben nie gehabt; ich bin durchaus unbefangen aufgewachsen ...

Einen besonderen Einfluß hatte auf der Lübecker Schule auf mich mein unglücklicher Ferdinand Röse, dessen ich in den „Zerstreuten Kapiteln" unter seinem Beinamen Doktor Antonio Wanst gedacht habe; später Theodor Mommsen, mit dem ich in den letzten Jahren meines Studentenlebens zusammenlebte in Kiel.

Beide fuhren mit unbarmherziger Kritik über mich her. So habe ich während meiner Entwicklung schon gelernt, einen strengen Maßstab an mich selbst zu legen, und habe alles immer so gut gemacht, als ich es mit meinen besten Kräften vermochte. Meine Freunde haben mir oft nachgerühmt, daß ich Kritik vertragen könne.

Aus einem Brief an Eduard Mörike, Potsdam, November 1854

Mit meinem einige Jahre älteren Vetter Jürgen stand ich vor einigen Jahren zwischen den wild hinauswachsenden Büschen des alten Immenhofes. Wir entsannen uns zusammen aller möglichen kleinen Geschichten, des Storchs, den ich, von ihm verleitet, ruchloser Weise vom Baum geschossen, worüber mein Knabenherz mir noch lange die bittersten Vorwürfe gemacht; der Dohnen in seinem Garten, – nur in Einem blieb ich allein, und es ist mir bis auf den heutigen Tag ein Rätsel geblieben. Ich entsinne mich nämlich – die Zeit und Gelegenheit weiß ich auch nicht einmal annähernd anzugeben – mit dem Vetter Jürgen aus der kleinen Seitentür des Hauses gerade in die Wiesen über kleine Gräben und durch Bruchland und Buschwerk in einen Wald hinabgegangen zu sein; auf dem Wege schnitt er mir Pfeifen aus Erlenholz; was mich aber damals wie ein Märchen anheimelte: in einer sonnigen Waldlichtung sah ich zum ersten und letzten Mal in meinem Leben eine von den großen smaragdgrünen Eidechsen. Sie saß auf einem Baumstumpf und sah mich wie verzaubert mit ihren goldenen Augen an. Als ich das meinem Vater erzählte, lachte er mich aus und wollte nichts davon wissen. Nach jener Seite hin, sowie überhaupt so in der Nähe sei gar kein Wald; und so lange er denken könne, auch keiner gewesen. Ich überzeugte mich selbst, er hatte Recht; überall nur Busch und Wiesen und Äcker und einzelne alte Bäume. – Wo aber bin ich damals denn gewesen?

Abseits

Es ist so still; die Heide liegt
Im warmen Mittagssonnenstrahle,
Ein rosenroter Schimmer fliegt
Um ihre alten Gräbermale;
Die Kräuter blühn; der Heideduft
Steigt in die blaue Sommerluft.

Laufkäfer hasten durchs Gesträuch
In ihren goldnen Panzerröckchen,
Die Bienen hängen Zweig um Zweig
Sich an der Edelheide Glöckchen,
Die Vögel schwirren aus dem Kraut –
Die Luft ist voller Lerchenlaut.

Ein halbverfallen niedrig Haus
Steht einsam hier und sonnbeschienen;
Der Kätner lehnt zur Tür hinaus,
Behaglich blinzelnd nach den Bienen;
Sein Junge auf dem Stein davor
Schnitzt Pfeifen sich aus Kälberrohr.

Kaum zittert durch die Mittagsruh
Ein Schlag der Dorfuhr, der entfernten;
Dem Alten fällt die Wimper zu,
Er träumt von seinen Honigernten.
– Kein Klang der aufgeregten Zeit
Drang noch in diese Einsamkeit.

Die Kinder
haben die Veilchen gepflückt

Kinder, Familie, Feste

Mai

Die Kinder haben die Veilchen gepflückt,
All, all, die da blühen am Mühlengraben.
Der Lenz ist da; sie wollen ihn fest
In ihren kleinen Fäusten haben.

Kranzwinden

Zusammen Bub und Mädchen,
Die wanden Kränzelein
Und flochten unversehens
Die Herzen mit hinein.

Die Blumen alle welkten,
Die Bänder lösten sich;
Die Herzen aber hielten
Zusammen ewiglich.

Abends

Auf meinem Schoße sitzet nun
Und ruht der kleine Mann;
Mich schauen aus der Dämmerung
Die zarten Augen an.

Er spielt nicht mehr, er ist bei mir,
Will nirgends anders sein;
Die kleine Seele tritt heraus
Und will zu mir herein.

Mein Häwelmann, mein Bursche klein,
Du bist des Hauses Sonnenschein;
Die Vögel singen, die Kinder lachen,
Wenn deine strahlenden Augen wachen.

Aus einem Brief an Eduard Mörike, Potsdam, Anfang Oktober 1854

Nun geht der Brief allgemach zu Ende und noch habe ich, der ich insbesondere Vater bin, gar nichts von meinen drei Jungens geredet; und doch legen sie mir schon die tiefsten und nicht zu beantworten-den Fragen vor. „Papa", sagte der Zweite, Ernst („des Hauses Son-nenschein") neulich zu mir, als ich ihn eben ins Bett gelegt hatte, während er noch seine kleinen Hände fest um meinen Hals hielt

und mich mit seinen sehr großen, brennend blauen Augen ansah,
– „warum leben wir eigentlich? und dann sind wir wieder tot?
Gott! das ist ja doch wunderlich!" Der Junge ist 3 3/4 Jahre und
körperlich, obgleich er einen schmächtigen Vater von dem gewöhn-
lichsten Maße hat, ein wahrer Riese. – Fast fürchte ich, dem Hans
Unrecht zu tun, wenn ich seiner nicht erwähne; er ist eine wahre
Sensitive, ein zarter, höchst anmutiger Knabe, dessen Gemütsleben
ich mit Gewalt zurückhalten muß; er ist noch immer richtig in den
Versen „Auf meinem Schoße sitzet nun" geschildert. Als neulich in
seiner Gegenwart vom Tode die Rede war, und er gefragt wurde,
was er denn machen würde, wenn er nun, heut Nacht schon, ster-
ben müßte, sagte er nach einigem Nachsinnen: „Dann würde ich
ganz stille sein und mich ganz still dem lieben Gott überlassen."

Gode Nacht

Över de stillen Straten
Geit klar de Klokkenslag;
God Nacht! Din Hart will slapen,
Un morgen is ok en Dag.

Din Kind liggt in de Weegen,
Un ik bün ok bi di;
Din Sorgen un din Leven
Is allens um un bi.

Noch eenmal lat uns spräken:
Goden Abend, gode Nacht!
De Maand schient op de Däken,
Uns' Herrgott hölt de Wacht.

Frühlingslied
Zu des Mädchens Wiegenfeste

Und als das Kind geboren ward,
Von dem ich heute singe,
Der Winter schüttelte den Bart:
„Was sind mir das für Dinge!
Wie kommt dies Frühlingsblümelein
In mein bereiftes Haus hinein?
Potz Wunder über Wunder!"

Doch klingeling! Ringsum im Kreis
Bewegt' sich's im geheimen;
Schneeglöckchen hob das Köpfchen weiß,
Maiblümchen stand im Keimen;
Und durch die Lüfte Tag für Tag,
Da ging ein süßer Lerchenschlag
Weit über Feld und Auen.

Herr Winter! greif Er nur zum Stab!
Das sind gar schlimme Dinge:
Sein weißes Kleid wird gar zu knapp,
Sein Ansehn zu geringe! —
Wie übern Berg die Lüfte wehn,
Da merk ich, was das Blümlein schön
Uns Liebliches bedeute.

August

Die verehrlichen Jungen, welche heuer
Meine Äpfel und Birnen zu stehlen gedenken,
Ersuche ich höflichst, bei diesem Vergnügen
Womöglich insoweit sich zu beschränken,
Daß sie daneben auf den Beeten
Mir die Wurzeln und Erbsen nicht zertreten.

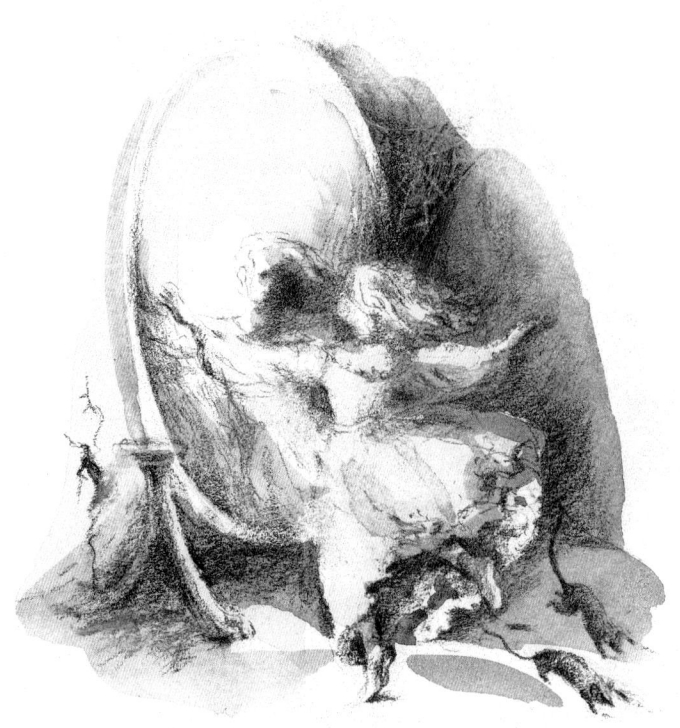

In Bulemanns Haus

Es klippt auf den Gassen im Mondenschein;
Das ist die zierliche Kleine,
Die geht auf ihren Pantöffelein
Behend und mutterseelenallein
Durch die Gassen im Mondenscheine.

Sie geht in ein alt verfallenes Haus;
Im Flur ist die Tafel gedecket,
Da tanzt vor dem Monde die Maus mit der Maus,
Da setzt sich das Kind mit den Mäusen zu Schmaus,
Die Tellerlein werden gelecket.

Und leer sind die Schüsseln; die Mäuslein im Nu
Verrascheln in Mauer und Holze;
Nun läßt es dem Mägdlein auch länger nicht Ruh,
Sie schüttelt ihr Kleidchen, sie schnürt sich die Schuh,
Dann tritt sie einher mit Stolze.

Es leuchtet ein Spiegel aus goldnem Gestell,
Da schaut sie hinein mit Lachen;
Gleich schaut auch heraus ein Mägdelein hell,
Das ist ihr einziger Spielgesell;
Nun woll'n sie sich lustig machen.

Sie nickt voll Huld, ihr gehört ja das Reich;
Da neigt sich das Spiegelkindlein,
Da neigt sich das Kind vor dem Spiegel zugleich,
Da neigen sich beide gar anmutreich,
Da lächeln die rosigen Mündlein.

Und wie sie lächeln, so hebt sich der Fuß,
Es rauschen die seidenen Röcklein,
Die Händchen werfen sich Kuß um Kuß,
Das Kind mit dem Kinde nun tanzen muß,
Es tanzen im Nacken die Löcklein.

Der Mond scheint voller und voller herein,
Auf dem Estrich gaukeln die Flimmer:
Im Takte schweben die Mägdelein,
Bald tauchen sie tief in die Schatten hinein,
Bald stehn sie in bläulichem Schimmer.

Nun sinken die Glieder, nun halten sie an
Und atmen aus Herzensgrunde;
Sie nahen sich schüchtern, und beugen sich dann
Und knien vor einander, und rühren sich an
Mit dem zarten unschuldigen Munde.

Doch müde werden die beiden allein
Von all der heimlichen Wonne;
Sehnsüchtig flüstert das Mägdelein:

„Ich mag nicht mehr tanzen im Mondenschein,
Ach, käme doch endlich die Sonne!"

Sie klettert hinunter ein Trepplein schief
Und schleicht hinab in den Garten.
Die Sonne schlief, und die Grille schlief:
„Hier will ich sitzen im Grase tief,
Und der Sonne will ich warten."

Doch als nun morgens um Busch und Gestein
Verhuschet das Dämmergemunkel,
Da werden dem Kinde die Äugelein klein;
Sie tanzte zu lange bei Mondenschein,
Nun schläft sie bei Sonnengefunkel.

Nun liegt sie zwischen den Blumen dicht
Auf grünem, blitzendem Rasen;
Und es schauen ihr in das süße Gesicht
Die Nachtigall und das Sonnenlicht
Und die kleinen neugierigen Hasen.

Sturmnacht

Im Hinterhaus, im Fliesensaal
Über Urgroßmutters Tisch' und Bänke,
Über die alten Schatullen und Schränke
Wandelt der zitternde Mondenstrahl.
Vom Wald kommt der Wind
Und fährt an die Scheiben;
Und geschwind, geschwind
Schwatzt er ein Wort,
Und dann wieder fort
Zum Wald über Föhren und Eiben.

Da wird auch das alte verzauberte Holz
Dadrinnen lebendig;
Wie sonst im Walde will es stolz
Die Kronen schütteln unbändig,
Mit den Ästen greifen hinaus in die Nacht,
Mit dem Sturm sich schaukeln in brausender Jagd,
Mit den Blättern in Übermut rauschen,
Beim Tanz im Flug
Durch Wolkenzug
Mit dem Mondlicht silberne Blicke tauschen.

Da müht sich der Lehnstuhl, die Arme zu recken,
Den Rokokofuß will das Kanapee strecken,
In der Kommode die Schubfächer drängen
Und wollen die rostigen Schlösser sprengen;
Der Eichschrank unter dem kleinen Troß
Steht da, ein finsterer Koloß.
Traumhaft regt er die Klauen an,
Ihm zuckt's in der verlornen Krone;
Doch bricht er nicht den schweren Bann. –

Und draußen pfeift ihm der Wind zum Hohne
Und fährt an die Läden und rüttelt mit Macht,
Bläst durch die Ritzen, grunzt und lacht,
Schmeißt die Fledermäuse, die kleinen Gespenster,
Klitschend gegen die rasselnden Fenster.
Die glupen dumm neugierig hinein –
Da drinn' steht voll der Mondenschein.

Aber droben im Haus
Im behaglichen Zimmer
Beim Sturmgebraus
Saßen und schwatzten die Alten noch immer,

Nicht hörend, wie drunten die Saaltür sprang,
Wie ein Klang war erwacht
Aus der einsamen Nacht,
Der schollernd drang
Über Trepp und Gang,
Daß dran in der Kammer die Kinder mit Schrecken
Auffuhren und schlüpften unter die Decken.

Weihnachtslied

Vom Himmel in die tiefsten Klüfte
Ein milder Stern herniederlacht;
Vom Tannenwalde steigen Düfte
Und hauchen durch die Winterlüfte,
Und kerzenhelle wird die Nacht.

Mir ist das Herz so froh erschrocken,
Das ist die liebe Weihnachtszeit!
Ich höre ferner Kirchenglocken
Mich lieblich heimatlich verlocken
In märchenstille Herrlichkeit.

Ein frommer Zauber hält mich wieder,
Anbetend, staunend muß ich stehn;
Es sinkt auf meine Augenlieder
Ein goldner Kindertraum hernieder,
Ich fühl's, ein Wunder ist geschehn.

43

Knecht Ruprecht

Von drauß' vom Walde komm ich her;
Ich muß euch sagen, es weihnachtet sehr!
Allüberall auf den Tannenspitzen
Sah ich goldene Lichtlein sitzen;
Und droben aus dem Himmelstor
Sah mit großen Augen das Christkind hervor,
Und wie ich so strolcht' durch den finstern Tann,
Da rief's mich mit heller Stimme an:
„Knecht Ruprecht", rief es, „alter Gesell,
Hebe die Beine und spute dich schnell!
Die Kerzen fangen zu brennen an,
Das Himmelstor ist aufgetan,
Alt' und Junge sollen nun
Von der Jagd des Lebens einmal ruhn;
Und morgen flieg ich hinab zur Erden,
Denn es soll wieder Weihnachten werden!"
Ich sprach: „O lieber Herre Christ,
Meine Reise fast zu Ende ist;
Ich soll nur noch in diese Stadt,
Wo's eitel gute Kinder hat."
– „Hast denn das Säcklein auch bei dir?"
Ich sprach: „Das Säcklein, das ist hier:
Denn Äpfel, Nuß und Mandelkern
Fressen fromme Kinder gern."
– „Hast denn die Rute auch bei dir?"
Ich sprach: „Die Rute, die ist hier;
Doch für die Kinder nur, die schlechten,

Die trifft sie auf den Teil, den rechten."
Christkindlein sprach: „So ist es recht;
So geh mit Gott, mein treuer Knecht!"
Von drauß' vom Walde komm ich her;
Ich muß euch sagen, es weihnachtet sehr!
Nun sprecht, wie ich's hier innen find!
Sind's gute Kind, sind's böse Kind?

45

*Aus einem Brief an Hartmuth Brinkmann, am Weihnachtssonntag
1851*

Ich bin in diesen Tagen ein rechtes Weihnachtskind gewesen; darum wollt Ihr, lieben Freunde, Euch auch nicht wundern, wenn dieser Brief zum Teil von einem Kinde geschrieben wird. Ich sitze hier in unserm Saal, der das Wohnzimmer für die Festtage ist, und vor mir steht der Weihnachtsbaum – und welch einer! Die schönste Tanne meines Gartens, mit der Spitze fast an die Decke reichend, mit den unteren dicklaubigen Zweigen die Bütte (aus der Setzerschen Haushaltung durch Detlef entlehnt) überhängend. Zuckerzeug von Meier aus Altona, Schleswig-Holst. Dragoner, Trommelschläger, Frösche in natürlicher Größe, Eisele und Beisele, Affen und gelbe Wurzeln, usw. usw., kleine nackte Wachskinder, die jedes Mädchenherz entzücken müssen, schweben auf den Tannenspitzen, unzählige Glaskugeln, goldene Eier, goldene Walnüsse und Pflaumen, denen ich die Arbeit dreier Feierabende widmete, während Propst Feddersen uns Arnims Appelmänner vorlas, Rosinengirlanden, Rauschgoldstreifen, buntgefüllte weiße Netze, über deren richtige Konstruktion eine ganze Ratsversammlung gehalten wurde; und auf diesen wunderschönen Baum hatten wir außer der Hohlen Gasse, den alten Propsten Feddersen (Käte ist bei uns auf Besuch), den würdigen kleinen Doktor und Detlef eingeladen, der im schönsten Staat anhero erschien; unsre alte Großmutter, die ein paar schlagartige Zufälle gehabt hat, war doch auch wieder so weit, um in der Kutsche erscheinen zu können. Nachdem fünf Personen sechs Stunden damit zugebracht hatten, nur um die Sachen in diesem ungeheuren Baum zu befestigen, wurden denn gestern abend um 5 Uhr die 60 Wachslichter angezündet, und ich konnte mir

46

mit aufrichtiger Befriedigung sagen: ein solcher Weihnachtsbaum brennt vielleicht heut abend in ganz Schleswig-Holstein nicht mehr („Germania, das große Kind, erfreut sich wieder seiner Weihnachtsbäume", Heine, Romanzero). Übrigens war ich doch eigentlich nicht hochmütig auf meinen Baum, die letzte Phrase ist mir heut so nachträglich aufs Papier gekommen. Ein eignes Gefühl war es aber, daß der Baum noch lebendig ist und nach Neujahr wieder in die Erde soll ... Was wird der den Vögeln zu erzählen haben! Hans, der, bis der ersehnte Ruf erscholl, wie eine Stahlfeder, sooft die Tür aufging, gar nicht in der Vorstube zu halten war, wurde denn so mit Spielzeug von allen Seiten überhäuft, daß er eigentlich zu keinem einzelnen ein rechtes Interesse fassen konnte, er bekam zwanzig verschiedene, zum Teil größere Sachen, darunter vier Bilderbücher, und in der Tat die Creme vom diesjährigen Kinderbilderbüchermarkt; Glasbrenners Marzipan, Bürkners Fibel, Deutsches Weihnachtsbuch von Heger und ein älteres, Speckters Fabeln. Der kleine Ernst hatte an allem die unaussprechlichste Freude, er saß auf der Diele und trommelte auf einer kleinen Trommel, und dann hielt er wieder still und brach in lauten Triumph und Bewunderung aus, und rief Papa oder Mama oder sonst einen entzückenden Laut aus seiner kleinen Kinderkehle. Der Baum mit seinen Lichtern machte die Luft in dem großen Saal fast glühend, so daß wir die Saaltüren öffnen mußten. Die alte Großmutter saß ganz selig im Sofa bei diesem Kinderschein, sie wünschte uns, daß wir noch viele so schöne Abende verleben möchten; aber es sei wohl ihr letzter, sie habe sich so darauf gefreut, noch einmal das Fest mit uns zu erleben, daß sie in den letzten Tagen jede Stunde bis zu diesem Abend gezählt habe. Nachdem der Baum etwa anderthalb Stunden gebrannt hatte, wurden die Lichter ausgetan, wogegen Hans freilich aufs energischste protestierte, und nun gab es in dem ganz verfinsterten Saal Schattenspiel an der Wand und Transparentkasten. Nach 7 Uhr fuhr dann die Hohle Gasse nach Haus, und die Kinder wurden zu Bett gebracht; der Rest der Gesellschaft besah nun die Bilderbücher, die

24 ersten Münchner Bilderbogen und die Schiefertafelbilder, die ich für Weihnachtsabend angeschafft habe. Wir saßen in der angenehmsten Wolke von Tannenbaum- und Weihnachtskuchenduft, dann kam noch das unerläßliche Festgericht, Fische und Futjen (so schreib' ich diese Lieben); und dann war die Polizeistunde und die vollständigste Müdigkeit da. Für ein kleines Mädchen unsrer Waschfrau hatten wir auch einen Weihnachtsteller ausgerichtet; die war auch unser Gast, und wahrscheinlich der seligste. – Das war unser Weihnachten.

Morgens

Nun gib ein Morgenküßchen!
Du hast genug der Ruh;
Und setz dein zierlich Füßchen
Behende in den Schuh!

Nun schüttle von der Stirne
Der Träume blasse Spur!
Das goldene Gestirne
Erleuchtet längst die Flur.

Die Rosen in deinem Garten
Sprangen im Sonnenlicht;
Sie können kaum erwarten,
Daß deine Hand sie bricht.

Du warst es doch

In buntem Zug zum Walde ging's hinaus;
Du bei den Kindern bliebst allein zu Haus.
Und draußen haben wir getanzt, gelacht,
Und kaum, so war mir, hatt' ich dein gedacht. –

Nun kommt der Abend, und die Zeit beginnt,
Wo auf sich selbst die Seele sich besinnt;
Nun weiß ich auch, was mich so froh ließ sein,
Du warst es doch, und du nur ganz allein.

Aus einem Brief an Constanze, Oktober 1863

... Mir ist dieser Tage mitunter gewesen, als sei etwas von mir gerissen, was zu mir gehöre, und als blute ich aus verschiedenen Wunden. Und doch wird einer von uns einmal seines Genossen beraubt, unkundig, was aus ihm geworden, vielleicht noch lange Jahre und Tage umherwandern müssen, Neues an sich und an der Welt erfahren, wovon der andere vielleicht keine Ahnung gehabt. Möge ich nicht der sein, mein grübelndes Gehirn würde die Fragen nicht aushalten. „Wo ist sie?" „Ist sie noch?" „Kann sie deiner noch gedenken und gedenkt sie noch?" „Sehnt sie sich und leidet sie wohl gar?" „Oder ist sie dir so weit vorausgeflogen, daß du sie nie mehr einzuholen vermagst?" Ich würde kaum mehr für die Mitlebenden taugen, denn wie schon jetzt im Leben und mit dem Schwinden der Jugend und des Lebens meine Sehnsucht, Dich zu haben und zu halten immer stärker geworden ist, so würde es mich nach Deinem Tode, wenn ich den erleben sollte, wohl ganz dahinnehmen. Du würdest dagegen, aber sag' ich lieber gleich Du „wirst" Dein Geschick als ein Unabänderliches mit größerer Ergebung, ohne vergebliches Grübeln, aufnehmen. Mögest Du nur nie aufhören, die Arme nach mir auszustrecken, nach mir Dich zu sehnen, bis auch Deine Stunde kommt, wo auch Du für immer schlafen gehst, oder – falls uns solche Seligkeit vorbehalten sein sollte – aufs neue mit mir vereint wirst. Denn ganz innig, ohne Hindernis mit Dir eins sein, ist der höchste Inbegriff von Seligkeit, den ich mir zu denken vermag. Mitunter – ich darf es wohl sagen – ist auch Deinerseits dies Gefühl in bezug auf mich und hat sich deutlich mir geäußert, dann habe ich noch Augenblicke diese Seligkeit empfunden, die nichts mehr zu wünschen hat, als ohne Aufhören zu sein. Was

50

treibst Du jetzt? Du hast keine Ahnung, daß meine Gedanken sich jetzt so zu Dir drängen. Und wenn Du dies liest, ist diese Stunde längst vorüber.

Es ist mit den Worten eines Briefes wie mit dem Sternenlicht, wenn es uns berührt, ist es schon lange nicht mehr dort, wo es gestanden. Aber das vielleicht oft unbewußte Gefühl des In-und-mit-Dir-Lebens verläßt mich nie. –

„Ein grünes Blatt"

Verlassen trauert nun der Garten,
Der uns so oft vereinigt hat;
Da weht der Wind zu euern Füßen
Vielleicht sein letztes grünes Blatt.

51

Aus einem Brief an Klaus Groth, 26. Dezember 1865

… Wenn Sie meine Frau gekannt hätten, würden Sie … nicht daran zweifeln, daß mit ihrem Tode mein eigenstes Leben beschlossen ist; auch ferner Stehende als ich müssen wohl bekennen, daß sie niemals ihres Gleichen sahen; sie war in ihrer äußeren und inneren Schönheit, Schlichtheit und Vornehmheit, in ihrer hinreißenden Anmut, daß ihre Nähe den Fremdesten wie glückbringend erschien, – sie war das Weib eines Dichters, wie Träume es nur ersinnen können; wie edlere Frauen, die sich geliebt wissen, war sie in ihrer Erscheinung und ihrem Wesen jung und mädchenhaft geblieben; wenn ich zu ihr sagte: „Komm, wir wollen fliegen!" so flog sie mit mir, so weit meine Phantasie mich irgend trug; sie war bis zu Ende aber nicht nur meine Geliebte in des Wortes verwegenster Bedeutung; ich flüchtete auch zu ihr wie das Kind zur Mutter, wenn „die Welt mich kränkt' und schlug"; und an dieser treuen Brust fand Alles trostreiche Ausgleichung.

Verzeihen Sie, liebster Freund, dies ungescheute Aussprechen; aber die Toten werden ja nur einmal noch von der Lebensflut emporgehoben, daß ihr Angedenken hell, vom letzten Abendstrahl verklärt steht, um dann für immer in Nacht zu sinken; wenigstens für die, deren Leben sie nicht mit hinabgenommen haben.

Mich selbst anlangend, so suche ich mein Leben mit bestem Willen so gut zu flicken, als es gehen will. Wann ich, und ob ich wieder etwas werde dichten können? Seit sie mein gewesen, hab ich niemals eine Zeile geschrieben, wenn sie mir fern war; nur wenn ihre Hand mich auf der heimatlichen Erde festhielt, konnte meine Phantasie unbekümmert in die luftigen Regionen aufsteigen. Doch vielleicht wird auch das jetzt anders.

Verloren

Was Holdes liegt mir in dem Sinn,
Das ich vor Zeit einmal besessen;
Ich weiß nicht, wo es kommen hin,
Auch was es war, ist mir vergessen.
Vielleicht – am fernen Waldesrand,
Wo ich am lichten Junimorgen
– Die Kinder klein und klein die Sorgen –

Mit dir gesessen Hand in Hand,
Indes vom Fels die Quelle tropfte,
Die Amsel schallend schlug im Grund,
Mein Herz in gleichen Schlägen klopfte,
Und glücklich lächelnd schwieg dein Mund;
In grünen Schatten lag der Ort –
Wenn nur der weite Raum nicht trennte,
Wenn ich nur dort hinüberkönnte,
Wer weiß! – vielleicht noch fänd ich's dort.

Aus einem Brief an den Sohn Hans, 2. Dezember 1867

Dein Brief-Füllhorn, mein alter Junge, wurde am Sonntagabend bei uns ausgegossen, ... Du wirst uns recht fehlen, mein lieber Junge, Du bist doch der rechte Weihnachtsmann; mir ganz besonders, denn Du bist am meisten aus Mutters Zeit; mir ist, als würde von uns beiden ihr Gedächtnis am innigsten gehegt. Ich will damit den andern nicht unrecht tun, mußte doch Ernst, der starke Junge, sich noch neulich satt weinen, als wir eines Abends im Spätherbst zusammen oben auf der Gartenbank saßen. Aber Du hast schon am meisten teilgenommen an ihrem Leben; Du bist ja der ältere. (...)

Das kleine Gesindel ist sehr heiter und gesund. Ebbe sagte neulich: „Ich will eine ganze Mama zu Weihnachten haben, die andern können einen Weihnachtsbaum kriegen; ich will nur eine ganze Mama haben." Und dabei schmiegte sie sich an ihr Stiefmütterchen und sah sie mit ganz glühenden Augen an. Eine brennende Frage ist für die drei Kleinen morgens jedesmal, mit mir fertig zu werden und dann mit mir hinunterzugehen. Da habe ich nun, um dem ewigen Bitten „Ach, Du wartest mir doch, Vater!" zu entgehen, einen Ausweg gefunden. Sie rufen nun oben an der Treppe, eins ums andere, wenn ich beim Tee sitze. Klingt nun draußen eine kleine helle Kinderstimme, dann muß ich hinaus und das kleine liebe Gesindel die Treppe hinabschleppen, das dann die kleinen Arme fest um meinen Hals schlingt. – Aber, es ist Zeit, ins Amtsgericht!

Aus einem Brief an Paul Heyse, 2. Mai 1879

Noch deutlich entsinne ich mich, wie mein Hans als Knabe mit feinem hübschen Antlitz bei Kuglers mit mir im Zimmer stand, wie Du ihn freundlich betrachtetest und dann ein Wort des Wohlgefallens zu mir sprachst. Ich seh ihn immer wieder vor mir auch als einen kleinen kaum vierjährigen Knaben ... wie er auf einem Stuhl vor dem Fenster stehend lange schweigend hinaussah, dann sich plötzlich umwandte, die Arme nach mir ausstreckte und mit der innigsten süßesten Kinderstimme sagte „Mein süßer Papa!"

Ich seh ihn, wie er, ein eigentümlicher Knabe, in einer einsamen Ecke des alten Husumer Gartens in der Dämmerung des Sommerabends still und sinnend zwischen den Bäumen umher ging, und mir so später zu dem wohl schwer verständlichen Gedicht „Gartenspuk" Veranlassung gab. Jetzt, lieber Freund, ist dieses Kind, Konstanzes ältester Sohn, ein ganz Verlorener. Ich weiß nicht, ob Du fühlen, ganz nachfühlen kannst, was das für mich bedeutet ... Obgleich ein leistungsfähiger Arzt, ist seine Existenz doch jetzt zu Ende an dem Orte, wo er sich niederließ. Seit dem Herbste war seine verständige älteste Schwester Lisbeth, meine treffliche Älteste, bei ihm; aber trotz ihrer Tapferkeit – ich sollte dieses alles wohl nicht niederschreiben; aber Dir gegenüber muß ich es, wenn ich überhaupt schreiben soll.

Aus dem Gedicht „Gartenspuk"

Daheim noch war es; spät am Nachmittag. (...)
Ich, an der Hoftür stand und lauschte noch,
Wie Laut um Laut sich mühte und entschlief. (...)
Die Schatten fielen; bläulich im Gebüsch
Wie Nebel schwamm es. Träumend blieb ich stehn,
Gedankenlos, und sah den Steig hinab;
Und wieder sah ich – und ich irrte nicht –
Tief unten, wo im Grund der Birnbaum steht,
Langsam ein Kind im hohen Grase gehen;
Ein Knabe schien's, im grauen Kittelchen.
Ich kannt es wohl; denn schon zum öftern Mal
Sah dort im Dämmer ich so holdes Bild;
Die Abendstille schien es herzubringen,
Doch näher tretend fand man es nicht mehr. (...)
Schon schlüpft ich bei der Geißblattlaube durch;
Ein Schritt noch ums Gebüsch, so war ich dort,
Und mit den Händen mußt ich's greifen können.
Umsonst! – Als ich den letzten Schritt getan,
Da war es wieder wie hinweggetäuscht. (...)
Doch als ich schon die Pforte zugedrückt,
Den Schlüssel abzog, fiel ein Sonnenriß,
Der in der Planke war, ins Auge mir;
Und fast unachtsam lugte ich hindurch.
Dort lag der Rasen, tief im Schatten schon;
Und sieh! Da war es wieder, unweit ging's,
Grasrispen hatt' es in die Hand gepflückt;
Ich sah es deutlich ... In sein blaß Gesichtchen

Fiel schlicht das Haar; die Augen sah man nicht,
Sie blickten erdwärts, gern so schien's, betrachtend
Was dort geschah; doch lächelte der Mund.
Und nun an einem Eichlein kniet' es hin,
Das spannenhoch kaum aus dem Grase sah,
– Vom Walde hatt' ich jüngst es heimgebracht –
Und legte sacht ein welkes Blatt beiseit
Und strich liebkosend mit der Hand daran. (...)
Die Zeit vergeht; längst bin ich in der Fremde,
Und Fremde hausen, wo mein Erbe steht.
Doch bin ich einmal wieder dort gewesen;
Mir nicht zur Freude und den andern nicht.
Einmal auch in der Abenddämmerung
Geriet ich in den alten Gartenweg.
Da stand die Planke; wie vor Jahren schon,
Hing noch der Linden schön Gezweig herab;
Von drüben kam Resedaduft geweht,
Und Dämmrungsfalter flogen durch die Luft.
Ging's noch so hold dort in der Abendstunde? –
Fest und verschlossen stand die Gartentür;
Dahinter stumm lag die vergangne Zeit.
Ausstreckt ich meine Arme; denn mir war,
Als sei im Rasen dort mein Herz versenkt. –
Da fiel mein Aug auf jenen Sonnenriß,
Der noch, wie ehemals, ließ die Durchsicht frei.
Schon hatt' ich zögernd einen Schritt getan;
Noch einmal blicken wollt ich in den Raum,
Darin ich sonst so festen Fußes ging.
Nicht weiter kam ich. Siedend stieg mein Blut,
Mein Aug ward dunkel; Grimm und Heimweh stritten
Sich um mein Herz; und endlich, leidbezwungen,
Ging ich vorüber. Ich vermocht es nicht.

An Hans

Bald schon liegt die Jugend weit,
Komm zurück, o noch ist's Zeit!
Seitab wartend steht das Glück –
Noch ist's Zeit, o komm zurück!

Friedlos bist du

Friedlos bist du, mein armer Sohn,
Und auch friedlos bin ich durch dich.
Wären wir, wo deine Mutter ist,
Wir wären geborgen, du und ich.

Sie legte wohl um ihr verirrtes Kind
– Wenn die Toten nicht Schatten bloß –
Schützend und warm ihren Mutterarm
Und nähme dein Haupt in den Schoß.

Das macht,
es hat die Nachtigall
die ganze Nacht gesungen

Frauen, Liebe, Leidenschaft

Aus Storms Besprechung von M. A. Niendorfs „Liedern der Liebe"

Die besten lyrischen Gedichte sind immer unmittelbar aus der vom Leben gegebenen Situation heraus geschrieben worden; die höchste Gefühlserregung wird, wie das jeder schon im täglichen Leben an sich erfahren mag, auch immer den schlagendsten Ausdruck finden ... Das echte Liebeslied soll in seinen Versen die Atmosphäre der Liebe einfangen, daß es uns beim Lesen mit unwiderstehlicher Gewalt der Ahnung oder Erinnerung überkommt.

Aus Briefen an Hartmuth Brinkmann, 28. März und 10. Dezember 1852

Die Wirkung des Lyrikers besteht vorzüglich darin, daß er über Vorstellungen und Gefühle, die dunkel und halbbewußt im Leser (Hörer) liegen, ein plötzliches und neues Licht wirft ...

Der Inhalt liegt in den Worten, die Seele dazwischen ... Das Wesen der Kunst liegt vorzugsweise, vielleicht allein, in der Form; nur soll man diesen Begriff nicht zu grob nehmen. Diese feinere Form ist die, welche es mich bei meinem poetischen Schaffen vorzüglich zu erfüllen drängt.

Aus einem Brief an Bertrand Sichel, 17. Februar 1886

Ich halte Phantasie und einen scharf trennenden Verstand nicht für die alleinigen, aber für die Hauptvoraussetzungen der Poesie; die Phantasie wirft wie eine Quelle die Stoffe auf, die disponierende Hand des Verstandes schwebt darüber. Aber die Phantasie ist nicht nur die Kraft, die reine Selbstgebilde schafft, sie ist auch die Kraft, welche die vorhandenen Dinge in eigentümlicher und schärferer Beleuchtung, in ihren Verbindungen oder in ihrer ungeheueren Einsamkeit erscheinen läßt ...

Mich anlangend, so kann ich hinsichtlich meiner Lyrik die Versicherung geben, daß mir manche Strophe, ohne merkliche Tätigkeit der eigenen Geisteskräfte, so gleichsam aus der Luft gefallen ist; u. a. wie ich mich dessen deutlich erinnere, das „Lied des Harfenmädchens" in Immensee, während ich in argem Herbstschlackerwetter von Husum nach Tondern in einer Kutsche allein durch die öde Gegend fuhr.

Aus einem Brief an Emil Kuh, Frühjahr 1873

Ich bin eine stark sinnliche, leidenschaftliche Natur; die Zurückhaltung in meinen Schriften (in den Gedichten ist sie nicht so vorhanden) beruht wohl zum Teil auf dem mir eigenen Drange nach Verinnerlichung. Sie werden die Worte „Liebe", „Kuß" fast gar nicht in meinen Schriften finden.

Die Nachtigall

Das macht, es hat die Nachtigall
Die ganze Nacht gesungen;
Da sind von ihrem süßen Schall,
Da sind in Hall und Widerhall
Die Rosen aufgesprungen.

Sie war doch sonst ein wildes Blut;
Nun geht sie tief in Sinnen,
Trägt in der Hand den Sommerhut
Und duldet still der Sonne Glut,
Und weiß nicht, was beginnen.

Das macht, es hat die Nachtigall
Die ganze Nacht gesungen;
Da sind von ihrem süßen Schall,
Da sind in Hall und Widerhall
Die Rosen aufgesprungen.

Nelken

Ich wand ein Sträußlein morgens früh,
Das ich der Liebsten schickte;
Nicht ließ ich sagen ihr, von wem,
Und wer die Blumen pflückte.

Doch als ich abends kam zum Tanz
Und tat verstohlen und sachte,
Da trug sie die Nelken am Busenlatz,
Und schaute mich an und lachte.

Aus einem Brief an die Braut, Constanze Esmarch

Ich komme eben aus dem Gericht. Wunderbarer Frühlingszauber liegt auf allen Wegen; die linden Lüfte spielen um Stirn und Wange; mir ist unendlich wohl – wärest nur Du hier! Ich ging an unserem künftigen Hause vorbei, und da klang's sogleich in mir; hör' nur die Improvisation:

> Ins liebe Städtlein unversehrt
> Sind nun die Störche eingekehrt
> Und bauen um des Schornsteins Rand
> Ihr Nest hoch über allem Land.
> Du weißt ja, welch besonderes Heil
> Durch solche Gäste wird zuteil.
>
> Was ist auf unserm künft'gen Haus
> Das Storchenpaar geblieben aus?
> Errätst du wohl den tiefen Sinn? –
> Ein Witwer einsam wohnt darin;
> Doch denk' ich, über Jahr und Tag
> Gibt's lustig Klappern auf dem Dach.

Nun grüße mir Vater recht herzlich. O! es ist jetzt so frühlingshell! Meine Constanze, meine süße Braut, denkst Du wohl jetzt an mich?

Aus einem Brief an Constanze Esmarch, 14. April 1844

Ich bin heute nachmittag in unserem Zukunftshause gewesen. Im Saal war ein recht freundlicher Sonnenschein, der durch die roten Gardinen recht munter hineinschaute. Ich war auch im Garten, der sieht aber übel aus. Die Obstbäume müssen weg, wenn's hübsch werden soll, ein Boskett ist sonst fast unmöglich. Ich habe auch den Entschluß gefaßt, zum Herbst unter den Saalfenstern und unter dem der kleinen Schlafstube Weinreben setzen zu lassen; das Laub nimmt sich so niedlich aus, wenn es vor den Fenstern nickt und schwankt. Wären wir nur erst da! – Aber viel, viel freundlicher muß alles werden, eh' ich Dich heimführe.

Leb wohl, meine Constanze.

Nun sei mir heimlich zart und lieb

Nun sei mir heimlich zart und lieb;
Setz deinen Fuß auf meinen nun!
Mir sagt es: Ich verließ die Welt,
Um ganz allein auf dir zu ruhn;

Und dir: O ließe mich die Welt,
und könnt ich friedlich und allein,
Wie deines leichten Fußes jetzt,
So deines Lebens Träger sein!

Dämmerstunde

Im Sessel du, und ich zu deinen Füßen –
Das Haupt zu dir gewendet, saßen wir;
Und sanfter fühlten wir die Stunden fließen,
Und stiller ward es zwischen mir und dir;
Bis unsre Augen in einander sanken
Und wir berauscht der Seele Atem tranken.

Mondlicht

Wie liegt im Mondenlichte
Begraben nun die Welt;
Wie selig ist der Friede,
Der sie umfangen hält!

Die Winde müssen schweigen,
So sanft ist dieser Schein;
Sie säuseln nur und weben
Und schlafen endlich ein.

Und was in Tagesgluten
Zur Blüte nicht erwacht,
Es öffnet seine Kelche
Und duftet in die Nacht.

Wie bin ich solchen Friedens
Seit lange nicht gewohnt!
Sei du in meinem Leben
Der liebevolle Mond!

Du schläfst

Du schläfst – so will ich leise flehen:
O schlafe sanft! und leise will ich gehen,
Daß dich nicht störe meiner Tritte Gang,
Daß du nicht hörest meiner Stimme Klang.

O süßes Nichtstun

O süßes Nichtstun, an der Liebsten Seite
Zu ruhen auf des Bergs besonnter Kuppe;
Bald abwärts zu des Städtchens Häusergruppe
Den Blick zu senden, bald in ferne Weite!
O süßes Nichtstun, lieblich so gebannt
Zu atmen in den neubefreiten Düften;
Sich locken lassen von den Frühlingslüften,
Hinabzuziehn in das beglänzte Land;
Rückkehren dann aus aller Wunderferne
In deiner Augen heimatliche Sterne.

Aus einem Brief an Constanze, 3. April 1846

... Ich habe heute auf meinem Spaziergange darüber nachgedacht, und ich denke natürlich oft darüber nach, wo die Quelle zu finden ist, daß in den meisten Ehen die Innigkeit, statt zu wachsen, immer mehr und zuletzt ganz zugrunde geht. Mangel an unermüdlicher Aufmerksamkeit, die Innigkeit zu erhalten, ist es gewiß. Die meisten Menschen denken nicht, daß für die Erhaltung oder leichte Wiederherstellung derselben in den ersten Jahren die Sinne starke Helfer sind, daß diese Bundesgenossen sie aber auf der Hälfte des Weges und früher verlassen. Sind aber unsere Herzen vertraut, ist unser Seelenleben so gemeinschaftlich, daß wir die leisesten Regungen unserer Seelen verstehen, alles mit- und durcheinander fühlen, dann hört die Liebe nicht auf. Dazu aber ist es notwendig, daß wir jeden Augenblick danach streben, den Geliebten klar in unsere Seele sehen zu lassen. Viele Eheleute dagegen tragen z. B. schweigend, was ihnen an ihrem Gatten unlieb ist; gegen Dritte aber, gegen Kinder und Verwandte sprechen sie es aus, oder sie gehen darauf ein, wenn diese den Gatten tadeln – schweigen aber gegen ihn selbst. Ein Ehegatte muß es überall nicht einmal anhören, wenn über den anderen kritisierend in seiner Gegenwart gesprochen wird, sondern rücksichtslos zu erkennen geben, daß das Gespräch nicht vor seine Ohren gehöre, zumal wenn der Sprecher ihn gegen den Abwesenden in Schutz nehmen will. Laß uns nie aufhören, nur uns, aber uns alles zu vertrauen. – Die hergebrachte Gleichgültigkeit und Entfremdung der Ehegatten fließt indes gewiß aus mannigfaltigster Quelle. Denke, meine kleine süße Frau, einmal nach, was Du eigentlich davon meinst, denke heute (d. h. Dienstag) abend einmal darüber nach, morgen auch beim Anziehen und Ausziehen,

72

beim Plätten und Fegen, denk einmal darüber nach und schreibe es mir dann übermorgen ganz aufrichtig – so etwa vier von diesen Seiten! Stoff genug ist da! Du klagst ja immer über Mangel an Stoff bei der Kürze Deiner Briefe! – Laß mich nun mal alles hören, wie Du es nur ausdenken kannst, was Du von Deinem Mann und von Dir selbst forderst und wovor wir uns zu hüten haben, damit wir uns immer innig lieben mögen. – Weißt Du übrigens wohl, daß Dein kleines Briefformat dich hindert, dich gründlich und ausführlich, erschöpfend über den Stoff auszusprechen, den Du gerade vorhast. Nimm, bitte, diesmal großes Format und nimm Dir auch die Zeit; ich denke, ich brauche Dir nicht wieder die nötige Zeit zum Briefschreiben im Hause Deiner Eltern auszuwirken. Richte Deinen Brief nicht nach Deiner Zeit, sondern Deine Zeit nach Deinem Briefe, nur dann kann Vernünftiges danach kommen. –

Ei, ei, Dange, was hat Dein Mann da gemacht? – hat sich ganz in Brand geschrieben, könnte mich am Ende auch wohl in Brand reden. Das wird meine allerliebste Herzensfrau mir nun auch wohl gleich auseinandersetzen, daß sie davon in ihrer Ehe nichts wissen will. – Nun, mach' alles wie Du willst, aber schreibe mir nur einmal recht einen Brief, wo Du glaubst, daß ich es wünsche. Wenn Du mir die Versicherung gibst, das getan zu haben, so glaube ich es Dir unbedingt – pfui, muß ich das erst versichern – und mein Herz wird sich Deiner Liebe freuen. Laß mich nur einmal recht empfinden, daß Du alle Deine Kräfte, geistige und körperliche, mir zuliebe anstrengen kannst! – Willst Du einmal?

Hinter den Tannen

Sonnenschein auf grünem Rasen,
Krokus drinnen blau und blaß;
Und zwei Mädchenhände tauchen
Blumen pflückend in das Gras.

Und ein Junge kniet daneben,
Gar ein übermütig Blut,
Und sie schaun sich an und lachen –
O wie kenn ich sie so gut!

Hinter jenen Tannen war es,
Jene Wiese schließt es ein –
Schöne Zeit der Blumensträuße,
Stiller Sommersonnenschein!

Begegnung

Das süße Lächeln starb dir im Gesicht,
Und meine Lippen zuckten wie im Fieber;
Doch schwiegen sie – auch grüßten wir uns nicht,
Wir sahn uns an und gingen uns vorüber.

Hyazinthen

Fern hallt Musik; doch hier ist stille Nacht,
Mit Schlummerduft anhauchen mich die Pflanzen;
Ich habe immer, immer dein gedacht,
Ich möchte schlafen; aber du mußt tanzen.

Es hört nicht auf, es rast ohn' Unterlaß;
Die Kerzen brennen und die Geigen schreien,
Es teilen und es schließen sich die Reihen,
Und alle glühen; aber du bist blaß.

Und du mußt tanzen; fremde Arme schmiegen
Sich an dein Herz; o leide nicht Gewalt!
Ich seh' dein weißes Kleid vorüberfliegen
Und deine leichte, zärtliche Gestalt. –

Und süßer strömend quillt der Duft der Nacht
Und träumerischer aus dem Kelch der Pflanzen.
Ich habe immer, immer dein gedacht;
Ich möchte schlafen; aber du mußt tanzen.

Sommermittag

Nun ist es still um Hof und Scheuer,
Und in der Mühle ruht der Stein;
Der Birnenbaum mit blanken Blättern
Steht regungslos im Sonnenschein.

Die Bienen summen so verschlafen;
Und in der offnen Bodenluk,
Benebelt von dem Duft des Heues,
Im grauen Röcklein nickt der Puk.

Der Müller schnarcht und das Gesinde,
Und nur die Tochter wacht im Haus;
Die lachet still und zieht sich heimlich
Fürsichtig die Pantoffeln aus.

Sie geht und weckt den Müllerburschen,
Der kaum den schweren Augen traut:
„Nun küsse mich, verliebter Junge;
Doch sauber, sauber! nicht zu laut"

Aus einem Brief an Constanze, 5. April 1846

Mein geliebtes Mädchen, ich habe so recht das volle Gefühl, daß ich in Dir mein größtes, einziges Glück für jetzt und alle Zeit gefunden habe. Du auch, nicht so, meine Frau? Wir wollen uns tragen und durcheinander immer reiner und besser zu werden suchen und immer inniger uns zu umfassen, immer mehr ganz für ewig ein Herz und eine Seele zu werden. Wir müssen uns auch nicht so davor scheuen, an den Tod des anderen zu denken. Auch damit müssen wir uns vertraut machen, damit, wenn der Fall für den einen von uns eintritt, was ja unvermeidlich ist, es den Hinterbliebenen nicht zu ungeheuer überkomme, damit er nicht glaube oder ihm nicht so sei, als sei nun alles vorbei. Nein, damit er auch diese Zeit der Trennung und des Alleinlebens nur als eine vorübergehende Periode seiner Liebe betrachte, daß im Anfang nicht der Schmerz ungestüm sei und die Sehnsucht sich nicht erschöpfe. Sollte mich das Los treffen, der letzte hier zu sein, so wird mich, ich bin es überzeugt, das feste Gefühl des Unverlorenseins über diesen Schmerz hinwegtragen, und ich werde mit stiller Sehnsucht meine Zeit abwarten, bis ich wieder an Deinem Herzen sein darf. Ich liebe Dich zu sehr, als daß ein wahnsinniger Schmerz mich daniederwerfen sollte, und so kann ich auch jetzt mit Ruhe an Deinen Tod denken. So mußt auch Du es können und mußt den Gedanken gar nicht zurückweisen, wenn er kommt. Wir leben und lieben ja nicht für diesen Tag allein. –

Zwischenreich

Meine ausgelaßne Kleine,
Ach, ich kenne sie nicht mehr;
Nur mit Tanten und Pastoren
Hat das liebe Herz Verkehr.

Jene süße Himmelsdemut,
Die der Sünder Hoffart schilt,
Hat das ganze Schelmenantlitz
Wie mit grauem Flor verhüllt.

Ja die brennend roten Lippen
Predigen Entsagung euch;
Diese gar zu schwarzen Augen
Schmachten nach dem Himmelreich.

Auf die tiziansche Venus
Ist ein Heilgenbild gemalt;
Ach, ich kenne sie nicht wieder,
Die so schön mit uns gedahlt.

Nirgends mehr für blaue Märchen
Ist ein einzig Plätzchen leer;
Nur Traktätlein und Asketen
Liegen haufenweis umher.

Wahrlich, zum Verzweifeln wär es –
Aber, Schatz, wir wissen schon,
Deinen ganzen Götzenplunder
Wirft ein einzger Mann vom Thron.

Gedenkst du noch?

Gedenkst du noch, wenn in der Frühlingsnacht
Aus unserm Kammerfenster wir hernieder
Zum Garten schauten, wo geheimnisvoll
Im Dunkel dufteten Jasmin und Flieder?
Der Sternenhimmel über uns so weit,
Und du so jung; unmerklich geht die Zeit.

Wie still die Luft! Des Regenpfeifers Schrei
Scholl klar herüber von dem Meeresstrande;
Und über unsrer Bäume Wipfel sahn
Wir schweigend in die dämmerigen Lande.
Nun wird es wieder Frühling um uns her,
Nur eine Heimat haben wir nicht mehr.

Nun horch ich oft, schlaflos in tiefer Nacht,
Ob nicht der Wind zur Rückfahrt möge wehen.
Wer in der Heimat erst sein Haus gebaut,
Der sollte nicht mehr in die Fremde gehen!
Nach drüben ist sein Auge stets gewandt:
Doch eines blieb, – wir gehen Hand in Hand.

Schließe mir die Augen beide

Schließe mir die Augen beide
Mit den lieben Händen zu!
Geht doch alles, was ich leide,
Unter deiner Hand zur Ruh.
Und wie leise sich der Schmerz
Well' um Welle schlafen leget,
Wie der letzte Schlag sich reget,
Füllest du mein ganzes Herz.

Aus einem Brief an Hartmuth und Laura Brinkmann, 21. April 1866

In mein Leben wie in meine Poesie teilen sich zwei Frauen; die Mutter meiner Kinder, Constanze, die so lange der Stern meines Lebens war, ist nicht mehr; die andere lebt, nachdem sie fern von mir allein und oft in drückender Abhängigkeit verblüht ist. Beide habe ich geliebt, ja beide liebe ich noch jetzt; welche am meisten, weiß ich nicht; die erschütterndste Leidenschaft hat mir einst die noch Lebende eingeflößt; die leidenschaftlichen Lieder, die ihr ja oft gelesen, sind der Kranz, den sie noch jetzt in ihrem Haar trägt. Beide sind sie, obwohl sonst mannigfach verschieden, die süßesten mildesten Frauenseelen, die ich im Leben gefunden, und von grenzenloser Hingebung an den geliebten Mann. Das wäre noch alles schön und gut, aber die Leidenschaft für die Lebende brach über mich herein, als die Verstorbene schon mein Weib war. – So kam es ... Ich heiratete, und jenes Mädchen, damals eben aufgeblüht, kam oft in unser Haus. In meiner jungen Ehe fehlte eins, die Leidenschaft; meine und Constanzes Hände waren mehr aus stillem Gefühl der Sympathie ineinander liegen geblieben. Die leidenschaftliche Anbetung des Weibes, die ich zuletzt für sie gehabt, gehört ihrer Entstehung nach einer späteren Zeit an. Aber bei jenem Kinde, die, wie ich glaube, mit der Leidenschaft für mich geboren ist, da war jene berauschende Atmosphäre, der ich nicht widerstehen konnte. Vielleicht mag ich auf sie eine gleiche Wirkung gehabt haben. Gewiß ist, daß ein Verhältnis der erschütterndsten Leidenschaft zwischen uns entstand, das mit seiner Hingebung, seinem Kampf und seinen Rückfällen jahrelang dauerte und viel Leid um sich verbreitete, Constanze und uns. Die Entfernung kam mir zu Hülfe, und mit Hülfe der Notwendigkeit besiegte ich dies

Gefühl, so daß es vollständig in mir erlosch … Dann folgte die lange Reihe von Jahren, wo sich zwischen mir und Constanze, die alles wußte, eine so innige Lebensgemeinschaft ausbildete, wie sie wohl wenige Ehen aufzuweisen haben.

Aus einem Brief an Ludwig Pietsch, 12. Mai 1866

Ja, wie sie heißt? Sie heißt Dorothee Charlotte Jensen und wird Doris, von den Freunden und Nächsten Do oder Dodo genannt, ist 37 Jahre alt und arm wie eine Kirchenmaus. Wer nähme sie wohl an sein Herz, wenn ich's nicht täte!

Aber ich tu es; und bei keinem Schritt meines Lebens bin ich mehr von dem Gefühl der Sicherheit und inneren Zufriedenheit erfüllt gewesen. Daß ich's nur gleich gestehe; die ganze törichte Leidenschaft der alten Zeit ist wieder in mir erwacht für diese ganz verblühte Frau. – Komm nur einmal, und Du wirst zufrieden sein; jetzt ist es schrecklich in meinem Hause; dann aber wird es zwar still sein, weil *ihr* Gedächtnis darin ist; aber es wird wieder dieselbe Luft da sein wie einst.

An Frau Do

Du fragst: „Warum? – Was uns zusammenhält,
Was soll damit, was kümmert das die Welt?“

– „Ich denke: nichts; und doch, die Lust fühl ich entbrennen,
Den lieben Namen laut vor ihr zu nennen.“

83

Aus einem Brief an Dorothea Jensen, 1866

Mein Do, so klingt mir lieb, wenn Du „unsere Kinder" sagst, wenn ich aber hörte, daß sie „Mutter" zu Dir sagten, so klänge das wie eine Beraubung der Toten. Meine Do, laß sie „Tante" sagen, und – wenn es möglich ist – ein Mutterherz fühlen, das ist besser als umgekehrt, was doch nicht in Deiner Macht ist. Wie kannst Du Dich damit nur quälen? Laß das doch.

Mir ist eingefallen, mein Do, aber – Du kannst ja auf solchen Gedanken wohl nicht kommen. Du denkst doch wohl nicht, ich könnte das Muttersagen der Kinder nicht ertragen, weil Du mir minder wert seist als sie. Das denkst Du doch nicht, meine geliebte Do? Das ist etwas, was es in mir gar nicht gibt, nie, nie geben kann, daß eine von Euch mir mehr oder weniger sein konnte als die andere.

Ja, mein Do, habe mich nur ganz *ungeteilt* lieb, ich hab es auch, so lieb, wie ich Constanze nur je in der seligsten Stunde gehabt; das ist nicht Unrecht gegen sie; wenigstens fühle ich es nicht so, da ich je inniger meine Liebe zu Dir fühle, desto reiner ihrer gedenken kann.

Wäre Constanze eine geringere Persönlichkeit gewesen, so hätten wir es leichter jetzt; aber ich denke, meine Do, es ist doch besser, wenn auch mit einigem Kampf, auf den Platz treten, den vor uns ein schöner und edler Mensch eingenommen. Sie werden Dich schon alle gern und voll gelten lassen.

Die Stunde schlug

Die Stunde schlug, und deine Hand
Liegt zitternd in der meinen,
An meine Lippen streiften schon
Mit scheuem Druck die deinen.

Es zuckten aus dem vollen Kelch
Elektrisch schon die Funken;
O fasse Mut, und fliehe nicht,
Bevor wir ganz getrunken!

Die Lippen, die mich so berührt,
Sind nicht mehr deine eignen;
Sie können doch, solang du lebst,
Die meinen nicht verleugnen.

Die Lippen, die sich so berührt,
Sind rettungslos gefangen;
Spät oder früh, sie müssen doch
Sich tödlich heimverlangen.

Die Zeit ist hin

Die Zeit ist hin; du löst dich unbewußt
Und leise mehr und mehr von meiner Brust;
Ich suche dich mit sanftem Druck zu fassen,
Doch fühl ich wohl, ich muß dich gehen lassen.

So laß mich denn, bevor du weit von mir
Im Leben gehst, noch einmal danken dir;
Und magst du nie, was rettungslos vergangen,
In schlummerlosen Nächten heimverlangen.

Hier steh ich nun und schaue bang zurück;
Vorüberrinnt auch dieser Augenblick,
Und wieviel Stunden dir und mir gegeben,
Wir werden keine mehr zusammen leben.

Der Mensch
begehrt die ganze Welt

Lebensweisen und Maßstäbe

Mein schönes Wunderland

Es schwimmt auf hohen Wogen
Ein schönes Wunderland;
Bald nah, bald wieder ferne,
Von wen'gen nur gekannt.

Ein Land, wo ew'ge Sonnen
Am Firmamente stehn,
Wo wunderschöne Menschen
In Rosen schlafen gehn.

Wo Märchenbilder rauschen
Durch laue Waldesnacht
Und Blumen Küsse tauschen
In tausendfarb'ger Pracht.

Wo Liebe, Götterfreiheit
Das reine Leben küßt;
Wo alles voller Wunder,
Wo alles glücklich ist. –

Ach, nur in Liedern weilet
Mein Land so schön und hehr;
Ich mag es hoffen, ahnen,
Doch schauen nimmermehr.

Oktoberlied

Der Nebel steigt, es fällt das Laub;
Schenk ein den Wein, den holden!
Wir wollen uns den grauen Tag
Vergolden, ja vergolden!

Und geht es draußen noch so toll,
Unchristlich oder christlich,
Ist doch die Welt, die schöne Welt,
So gänzlich unverwüstlich!

Und wimmert auch einmal das Herz, –
Stoß an und laß es klingen!
Wir wissen's doch, ein rechtes Herz
Ist gar nicht umzubringen.

Der Nebel steigt, es fällt das Laub;
Schenk ein den Wein, den holden!
Wir wollen uns den grauen Tag
Vergolden, ja vergolden!

Wohl ist es Herbst; doch warte nur,
Doch warte nur ein Weilchen!
Der Frühling kommt, der Himmel lacht,
Es steht die Welt in Veilchen.

Die blauen Tage brechen an,
Und ehe sie verfließen,
Wir wollen sie, mein wackrer Freund,
Genießen, ja genießen!

Herbst

Die Sense rauscht, die Ähre fällt,
Die Tiere räumen scheu das Feld,
Der Mensch begehrt die ganze Welt.

Aus einem Brief an Eduard Mörike, Potsdam, November 1854

Die herzliche Anhänglichkeit, die unser in die städtischen Verhält-
nisse übergesiedelter Familienzweig fortwährend mit den ländlichen
Verwandten unterhalten, glich bald Alles (= anfängliche Irritatio-
nen. H.S.) aus. Es sind aber auch prächtige Menschen von allerfein-
stem Herzen darunter, namentlich drei Schwestern meines Vaters,
deren älteste, Tante Gude, ein gebücktes kleines Mütterchen mit
den kräftigsten grauen Augen, die ich vor allen liebe, ich dieses
Frühjahr als Tote habe betrauern müssen. Und wie meine Frau sich
mit ihnen allen verstand, und wie alle sie hegten und liebten! Ich
kann den Mann der jüngsten Vaterschwester nicht unerwähnt las-
sen, den Onkel Ohm (einer seiner Vorfahren hat einen Holstein-
schen Herzog in irgend einer Schlacht herausgehauen, und letzterer
ihm, weil er wie ein Freund und Blutsverwandter an ihm gehandelt,
diesen Namen und Äcker, Wald und Wiesen geschenkt). Dieser
behagliche und wohlgenährte Mann (er pflegt zu sagen: „Ick mag
geern Botter mit'n bät Brot op"), der für Alles Ohr und Interesse
hat, war, wenn wir in späteren Zeiten dort waren, der eigentliche
Mittelpunkt unserer geselligen Freuden ... Ich hatte damals eben
meine junge Frau geheiratet; meine Brüder waren mit, der eine mit
seiner Braut, einer Schwester meiner Frau, und einige andere
Freunde. Wir hatten mehrere Häuser mit Einquartierung belegt.
Wir gingen von einem Haus zum andern, fuhren von einem Dorf
zum andern, frühstückten hier, aßen dort zu Mittag immer bei Ver-
wandten, und nach dem Kaffee, den wir wieder in einem andern
Haus einnahmen, ließen wir die Dorfmusikanten kommen und
tanzten bis Dunkelwerden, und einer meiner Vettern machte mei-
ner jungen Frau förmlich den Hof, während seine Mutter, meine

liebe Tante Lehne, ... sie zärtlich mit ihren sanften schönen Augen verfolgte. Dann Abends bis tief in die Nacht saßen wir in dem weitläufigen wüsten Garten unter den dunkeln Taxusbäumen und hörten am Teiche und aus der Ferne von unten aus dem Dorf die Nachtigall schlagen, wie ich sie niemals weder zuvor noch später gehört habe.

An die Freunde

Wieder einmal ausgeflogen,
Wieder einmal heimgekehrt;
Fand ich doch die alten Freunde
Und die Herzen unversehrt.

Wird uns wieder wohl vereinen
Frischer Ost und frischer West?
Auch die losesten der Vögel
Tragen allgemach zu Nest.

Immer schwerer wird das Päckchen,
Kaum noch trägt es sich allein;
Und in immer enge Fesseln
Schlinget uns die Heimat ein.

Und an seines Hauses Schwelle
Wird ein jeder festgebannt;
Aber Liebesfäden spinnen
Heimlich sich von Land zu Land.

Aus dem Geleitwort zu den „Neuen Fiedelliedern", 1871

Es war in der Studentenzeit, als in einem jetzt nicht mehr vorhandenen einsamen Wirtshause, oben im Walde an der Ostsee, mein gleichfalls nun längst von der Erde verschwundener Freund Ferdinand Röse, oder wie er von uns und von sich selber gern genannt wurde, der Magister Antonius Wanst mir und den Brüdern Theodor und Tycho Mommsen sein tiefsinniges Märchen „Das Sonnenkind" vorlas, in welchem der Held auf dem abgelegenen Schlosse Grümpelstein von sechzig alten Tanten erzogen wurde und von Mr. Breeches, nachdem er in der Nasenkrabbelmaschine seinen Spleen ausgeniest hatte, nur noch seine karierten Beinkleider übrigblieben. – Wir saßen in einem hohen Zimmer, in welches von draußen die Bäume stark hereindunkelten; und von fern aus den

Buchenwipfeln hörten wir das Flattern der Waldtauben, als der Verfasser in seiner feierlichen Weise aus dem entrollten Manuskripte anhub: „Hans Fideldum, der lusige Musikant, ging durch ein Seitental des Böhmerwaldes rüstig vorwärts."

Armer Magister Wanst! Wo sind jetzt deine Märchen?

Du bist gestorben, verdorben; nur ich und dein treuester, bis ans Ende hülfreicher Jugendgenosse, Emanuel Geibel, wenn die alten Tage uns besuchen, mögen deiner dann und wann gedenken.

Damals aber, an jenem Sommernachmittag im Walde, warst du noch hoffnungsreich und im Vollgefühl einer großen Lebensaufgabe; und mit Behagen hattest du neben ernsteren Studien auch jenes Märchen hingeschrieben. Nur für den Liederbedarf des Hans Fideldum, den du allein nicht zu decken wußtest, wurde die Beisteuer der Freunde in Anspruch genommen. Geibel hatte aus seinem Reichtum schon gegeben; dann schrieb auch ich die kleinen „Fiedel-Lieder", [1843, H.S.] wie sie noch jetzt in der Sammlung meiner Gedichte stehen.

– – Und die Veranlassung, daß ich eben jetzt jener Jugendzeit gedenke?

Hier liegt sie vor mir, frisch aus der Presse wie aus dem Herzen: „Die Lieder Jung Werners aus Scheffels Tompeter von Säckingen für eine Singstimme mit Begleitung des Pianoforte von Ludwig Scherff." – Hell und jung ist mein ganzes Haus geworden, seitdem diese herzerquickenden Lieder darin erklingen; ja dermaßen sind sie mir in die Glieder gefahren, daß ich meinen alten Fiedelbogen aus dem Staube hervorgesucht und damit gerade an der Stelle wiederum zu streichen angefangen bin, wo ich ihn vor dreißig Jahren abgesetzt hatte.

Aus den „Neuen Fiedelliedern"

Lang und breit war ich gesessen
Überm schwarzen Kontrapunkt;
Auf ein Haar dem Stadttrompeter
Gaben sie mich zum Adjunkt.

Hei, da bin ich ausgerissen;
Schöne Welt, so nimm mich nun!
Durch die Städte will ich schweifen,
An den Quellen will ich ruhn.

Nur die Fiedel auf dem Rücken;
Vorwärts über Berg und Strom!
Schon durchschreit ich deine Hallen,
Hoher kühler Waldesdom.

Und ich streich die alte Geige,
Daß es hell im Wandern klingt;
Schaut der Fink vom Baum hernieder:
„Ei, Herr Vetter, wie das singt!"

Organiste sollt ich werden
An dem neuen Kirchlein hier? –
Kind! wer geigte dann den Finken
Feiertags im Waldrevier?

Doch du meinest, Amt und Würden,
Eigner Herd sei goldeswert! –
Machst du mich doch schier beklommen;
So was hab ich nie begehrt.

Was? Und auch der Stadttrompeter
Starb vergangne Woche nur?
Und du meinst, zu solchem Posten
Hätt ich just die Positur? –

Hei! Wie kräht der Hahn so grimmig!
Schatz, ade! Gedenk an mich!
Mach den Hahn zum Stadttrompeter!
Der kann's besser noch als ich!

99

Aus einem Brief an Paul Heyse, Husum, 29. Juni 1876

Neulich war ich, kurz vor Pfingsten, zur silbernen Hochzeit meines Bruders in dem schönen, grünen Dorfe Hademarschen. Das war ein Fest! Welch eine Sippschaft, welch schöne blühende Jugend mit Frühlingsblumen in den Haaren! Oben im Hause, das ihm ein Enkel des alten Asmus Claudius gebaut hat, waren 32 Betten aufgeschlagen, und dann die Nachbarschaft belegt; und es ist so ein eigen Wesen in unserer Familie, das immer stimmt. Hätte Dich dort haben mögen! Die Ströme edlen Weins, die sich aus meines Bruders Keller ergossen, setzten mich in Erstaunen. „Wie lange", fragte ein Vetter, „gebrauchen wir, um Deinen Keller leer zu trinken?" Er bedachte sich einen Augenblick und sagte dann trocken: „Vierzehn Wochen." So lange hatten wir freilich keine Zeit. – „Ja", meinte er dann, „'s ist was Schönes um so ein Familienfest, wenn's man nicht so rührend wär." Ich möcht Dich wohl einmal bei der ganzen Sippschaft herumschleppen!

Aus einem Brief an Gottfried Keller, Hademarschen, 9. Juni 1880

Am Abend jenes Tages (= Richtfest seines Hauses in Hademarschen) gab ich ein großes Richtebier; ich setzte mich zwischen meinen beiden Meistern, dem Maurer- und dem Zimmermeister, hielt eine schöne Erwiderung an Meister und Gesellen und war meiner schleswig-holsteinischen Leute, unter denen ich mich bei solcher Gelegenheit immer wohl befinde, herzlich froh. Unsre Frauen und Töchter waren nicht zurückgeblieben und machten ihren Ehrentanz mit den wackern Handwerksleuten.

Aus einem Brief an Theodor Fontane, 27. März 1853

Es ist in der Berliner Luft etwas, was meinem Wesen widersteht, und was ich auch bis zu einem gewissen Grade zu erkennen glaube. Es ist, meine ich, das, daß auch in den gebildeten Kreisen man den Schwerpunkt nicht in die Persönlichkeit, sondern in Rang, Titel, Orden und dergleichen Nipps legt, für deren auch nur verhältnismäßige Würdigung mir, wie wohl den meisten meiner Landsleute, jedes Organ abgeht. Es scheint mir i m g a n z e n „die goldne Rücksichtslosigkeit" zu fehlen, die allein den Menschen innerlich frei macht und die nach meiner Ansicht das letzte und höchste Resultat jeder Bildung sein muß!

Aus einem Brief an Constanze nach der Vereidigung auf die preußische Verfassung am Kammergericht in Berlin, 23. November 1853

Ein recht saurer Gang; wärst Du nicht und die Kinder, ich wäre ihn nicht gegangen; alle die Menschen, Assessoren, Räte, Referendare, oder was sie sonst sein mochten, die sich in den großen Bureauzimmern umhertrieben, hatten ihre Bekannte und Freunde, nur ich stand eine ganze ewig lange halbe Stunde ganz einsam an die Wand gelehnt und wartete der Vorladung; dabei das drückende Gefühl, in einem fremden Lande, wo einem doch der Boden unter den Füßen fehlt, in ein Verhältnis der Unterordnung zu treten, d i e n e n, was ich nie gekonnt habe, das Vorgefühl all des kleinen einschneidenden Wehes kam über mich, was ich in der nächsten Zeit würde zu erleiden und zu überwinden haben.

Aus einem Brief an Ludwig Pietsch, Husum, 16. August 1867

Obgleich nun die Preußen gewiß alle Ursache haben, in Schleswig-Holstein bescheiden aufzutreten, ich meine nicht allein wegen der Art, wie sie unser Land erworben oder vielmehr erschlichen, sondern auch weil wir zum geistigen Leben der Nation ein Kontingent gestellt, wie kaum ein verhältnismäßiger Teil von Preußen, so kommt doch jeder preußische Beamte, amtlich oder außeramtlich, mit der Miene eines kleinen persönlichen Eroberers und als müßte er uns die höhere Einsicht bringen, hierher. Die naive Roheit dieser Leute ist unglaublich, und sie helfen wacker die Furche des Hasses vertiefen, die das Verfahren der preußischen Regierung in die Stirn fast jeden rechten Mannes hier gegraben hat ...

Übrigens mache ich mitunter Verse, z. B.

Welt-Lauf

Wer der Gewalt genüber steht
In Sorgen für der Liebsten Leben,
Der wird zuletzt von seinem Ich
Ein Teil und noch ein Teilchen geben.
Und dürstet er nach reinster Luft,
Er wird zuletzt ein halber Schuft.

Gefallen sie Dir? Übrigens hab ich von meinem Ich nichts weiter weggegeben, als daß ich überhaupt im Staatsdienst bleibe. Jetzt werde ich reiner Justizbeamter hier, ich glaube zur Freude meiner speziellen Heimatsgenossen. Da ist denn nicht leicht Gefahr, außer

dem Richten nach den aufgedrungenen Gesetzen, in Überzeugungs-
konflikte zu geraten …

Gesegnete Mahlzeit

Sie haben wundervoll diniert;
Warm und behaglich rollt ihr Blut,
Voll Menschenliebe ist ihr Herz,
Sie sind der ganzen Welt so gut.

Sie schütteln zärtlich sich die Hand,
Umwandelnd den geleerten Tisch,
Und wünschen, daß gesegnet sei
Der Wein, der Braten und der Fisch.

Die Geistlichkeit, die Weltlichkeit,
Wie sie so ganz verstehen sich!
Ich glaube, Gott verzeihe mir,
Sie lieben sich herzinniglich.

Aus einem Brief an den Sohn Ernst, 3. August 1870

Deinen Brief vom 25. Juli erhielt ich gestern über Kiel-Hademarschen hier. Ich sehe daraus, daß wir durchaus einverstanden sind. Ich kann mich indes des Gedankens nicht erwehren, daß diplomatische Zweideutigkeit und ein eventuelles Eroberungsgelüste auch diesseits vorhanden gewesen.

Was mich hauptsächlich beherrscht – und das verschlingt alles andere –, das ist der Ekel, einer Gesellschaft von Kreaturen anzugehören, die außer den übrigen ihnen von der Natur auferlegten Funktionen des Futtersuchens, der Fortpflanzung usw. auch die mit elementarischer Stumpfheit befolgt, sich von Zeit zu Zeit gegenseitig zu vertilgen. Das Bestehen der Welt beruht darauf, daß alles sich gegenseitig frißt, oder vielmehr das Mächtigere immer das Schwächere; den Menschen als den Mächtigsten vermag keins zu fressen; also frißt er sich selbst, und zwar im Urzustande buchstäblich. Dies ist die eigentliche *Ursache* der Kriege, die andern sogenannten Ursachen sind nur die Veranlassungen. Keine Zivilisation wird, ja *darf* das je überwinden. Aber niederdrückend ist der Gedanke; es ist so einer, über den man verrückt werden könnte.

Aber das wollen wir beide nicht, mein alter Junge. Ist der Gedanke richtig, so ist schon der Umstand, daß man ihn fassen konnte, doch wieder ein Beweis, daß wenigstens der Einzelne sich über diesen Zustand erheben kann.

Im Garten

Hüte, hüte den Fuß und die Hände,
Eh sie berühren das ärmste Ding!
Denn du zertrittst eine häßliche Raupe
Und tötest den schönsten Schmetterling.

Für meine Söhne

Hehle nimmer mit der Wahrheit!
Bringt sie Leid, nicht bringt sie Reue;
Doch, weil Wahrheit eine Perle,
Wirf sie auch nicht vor die Säue.

Blüte edelsten Gemütes
Ist die Rücksicht; doch zu Zeiten
Sind erfrischend wie Gewitter
Goldne Rücksichtslosigkeiten.

Wackrer heimatlicher Grobheit
Setze deine Stirn entgegen;
Artigen Leutseligkeiten
Gehe schweigend aus den Wegen.

Wo zum Weib du nicht die Tochter
Wagen würdest zu begehren,
Halte dich zu wert, um gastlich
In dem Hause zu verkehren.

Was du immer kannst, zu werden,
Arbeit scheue nicht und Wachen;
Aber hüte deine Seele
Vor dem Karrieremachen.

Wenn der Pöbel aller Sorte
Tanzet um die goldnen Kälber,
Halte fest: du hast vom Leben
Doch am Ende nur dich selber.

Spruch des Alters

1
Vergessen und Vergessenwerden! –
Wer lange lebt auf Erden,

Der hat wohl diese beiden
Zu lernen und zu leiden.

2
Dein jung Genoß in Pflichten
Nach dir den Schritt tät richten.

Da kam ein andrer junger Schritt,
Nahm deinen jung Genossen mit.

Sie wandern nach dem Glücke,
Sie schaun nicht mehr zurücke.

Aus der Marsch

Der Ochse frißt das feine Gras
Und läßt die groben Halme stehen;
Der Bauer schreitet hinterdrein
Und fängt bedächtig an zu mähen.

Und auf dem Stall zur Winterszeit,
Wie wacker steht der Ochs zu kauen!
Was er als grünes Gras verschmäht,
Das muß er nun als Heu verdauen.

Sprüche

1
Der eine fragt: Was kommt danach?
Der andre fragt nur: Ist es recht?
Und also unterscheidet sich
Der Freie von dem Knecht.

2
Vom Unglück erst
Zieh ab die Schuld;
Was übrig ist,
Trag in Geduld!

Vernehmlich
werden die Stimmen,
die über der Tiefe sind

Vergänglichkeit und Tod

Weiße Rosen

So dunkel sind die Straßen,
So herbstlich geht der Wind;
Leb wohl, meine weiße Rose,
Mein Herz, mein Weib, mein Kind!

So schweigend steht der Garten,
Ich wandre weit hinaus;
Er wird dir nicht verraten,
Daß ich nimmer kehr nach Haus.

Der Weg ist gar so einsam,
Es reist ja niemand mit;
Die Wolken nur am Himmel
Halten gleichen Schritt.

Ich bin so müd zum Sterben;
Drum blieb ich gern zu Haus,
Und schliefe gern das Leben
Und Lust und Leiden aus.

An Agnes Preller
Als ich abends einen Rosenstrauß auf meinem Zimmer fand

Die Tage sind gezählt, vorüber bald
Ist alles, was das Leben einst versüßt;
Was will ich mehr, als daß vorm Schlafengehn
Die Jugend mich mit frischen Rosen grüßt!

Meeresstrand

Ans Haff nun fliegt die Möwe,
Und Dämmrung bricht herein;
Über die feuchten Watten
Spiegelt der Abendschein.

Graues Geflügel huschet
Neben dem Wasser her;
Wie Träume liegen die Inseln
Im Nebel auf dem Meer.

Ich höre des gärenden Schlammes
Geheimnisvollen Ton,
Einsames Vogelrufen –
So war es immer schon.

Noch einmal schauert leise
Und schweiget dann der Wind;
Vernehmlich werden die Stimmen,
Die über der Tiefe sind.

Verirrt

Ein Vöglein singt so süße
Vor mir von Ort zu Ort;
Weh, meine wunden Füße!
Das Vöglein singt so süße,
Ich wandre immerfort.

Wo ist nun hin das Singen?
Schon sank das Abendrot;
Die Nacht hat es verstecket,
Hat alles zugedecket –
Wem klag ich meine Not?

Kein Sternlein blinkt im Walde,
Weiß weder Weg noch Ort;
Die Blumen an der Halde,
Die Blumen in dem Walde,
Die blühn im Dunkeln fort.

Regine

Und webte auch auf jenen Matten
Noch jene Mondesmärchenpracht,
Und stünd sie noch im Waldesschatten
Inmitten jener Sommernacht;
Und fänd ich selber wie im Traume
Den Weg zurück durch Moor und Feld,
Sie schritte doch vom Waldessaume
Niemals hinunter in die Welt.

Frauen-Ritornelle

Blühende Myrte –
Ich hoffte süße Frucht von dir zu pflücken;
Die Blüte fiel; nun seh ich, daß ich irrte.

Schnell welkende Winden –
Die Spur von meinen Kinderfüßen sucht ich
An eurem Zaun, doch konnt ich sie nicht finden.

Muskathyazinthen –
Ihr blühtet einst in Urgroßmutters Garten;
Das war ein Platz, weltfern, weit, weit dahinten.

Dunkle Zypressen –
Die Welt ist gar zu lustig;
Es wird doch alles vergessen.

Aus einem Brief an Ludwig Pietsch, Husum, 22. Mai 1865

Constanze ist nicht mehr; nachdem sie am 4. d. M. eine Tochter geboren, ist sie am 20. d. M. früh gegen 6 Uhr morgens nach schwerem Kampf, zuletzt aber sanft, ihre Hand in der meinen, entschlafen; ein Opfer unserer Heimkehr; denn sie ist am Kindbettfieber gestorben, das hier epidemisch zu werden scheint. Am letzten Nachmittag ließ ich die vier ältesten Kinder heraufkommen und bat sie, ihnen die Hand zu geben; sie tat es schwach und schweigend; nur als Ernst hereinkam und mit bebender und daher wohl ziemlich lauter Stimme sagte: „Guten Abend, Mutter!", sagte sie vernehmlich: „Guten Abend!" oder, wie er meinte: „Gute Nacht, mein Kind, ich sterbe!" Nachher hat sie nicht viel mehr gesagt; der Körper kämpfte wohl nur mechanisch seinen Kampf zu Ende. Ihr Todesstöhnen war hart und dauerte lange, zuletzt aber wurde es sanft wie Bienengetön; dann plötzlich, ich kann nur sagen in vernichtender Schönheit, ging eine wunderbare Verklärung über ihr Gesicht; ein sanfter blauer Glanz wandelte flüchtig durch das gebrochene Auge, und dann war Frieden, und ich hatte sie verloren. Bei ihrem Sterben war auch Hans, unsre alte Freundin Käthe Feddersen, die die letzte Nacht mit mir wachte, und ihr treuer brüderlicher Arzt, unser junger Physikus, der, wie mir scheint, fast ebenso gebrochen ist, wie ich selbst. Den Tag darauf ist sie, auch von Freundeshänden, in einen Notsarg gelegt; ihren armen Kopf nahm ich in meinen Arm; so hatten wir es uns in gesunden Tagen versprochen. Heute ist sie in den großen Sarg gelegt; der geliebte Leib verwest schnell; übermorgen früh 3 Uhr wollen wir sie in unsre Gruft bringen; wenn dann die neugierige Stadt erwacht, so habe ich schon all mein Glück begraben.

119

So muß ich denn nun weiter leben ohne sie; *muß* – denn vor mir – wie es in jenem Gedichte heißt – liegt Arbeit, Arbeit, Arbeit!

O bleibe treu den Toten

O bleibe treu den Toten,
Die lebend du betrübt;
O bleibe treu den Toten,
Die lebend dich geliebt!

Sie starben; doch sie blieben
Auf Erden wesenlos,
Bis allen ihren Lieben
Der Tod die Augen schloß.

Indessen du dich herzlich
In Lebenslust versenkst,
Wie sehnen sie sich schmerzlich,
Daß ihrer du gedenkst!

Sie nahen dir in Liebe,
Allein du fühlst es nicht;
Sie schaun dich an so trübe,
Du aber siehst es nicht.

120

Die Brücke ist zerfallen;
Nun mühen sie sich bang,
Ein Liebeswort zu lallen,
Das nie hinüberdrang.

In ihrem Schattenleben
Quält eins sie gar zu sehr:
Ihr Herz will dir vergeben,
Ihr Mund vermag's nicht mehr.

O bleibe treu den Toten,
Die lebend du betrübt;
O bleibe treu den Toten,
Die lebend dich geliebt!

An Wilhelm Jensen

Es ist der Wind der alte Heimatslaut,
Nach dem das Kind mit großen Augen schaut,

Bei dem es einschläft, wenn er weiter summt,
Der es erweckt, wenn jählings er verstummt;

Bei dessen Schauern Baum und Strauch erbebt
Und tiefer in den Grund die Wurzeln gräbt –

Was bist du anders denn, als Baum und Strauch?
Du keimst, du blühst und du verwelkest auch!

Aus einem Brief an Eduard Mörike, Husum, 3. Juni 1865

Mein verehrter Freund!

Nach langer Zeit komme ich wieder einmal zu Ihnen; dies Mal aber als ein Mann, dessen Lebensglück zu Ende ist, und über dessen Zukunft die Worte stehen, die Dante über seine Hölle schrieb … Nachdem Constanze am 4. Mai d. J. unser siebentes Kind, eine Tochter, geboren, ist sie am 20. d. M. nach schwerem Kampfe, zuletzt doch sanft, an dem überall jetzt epidemisch auftretenden Kindbettfieber gestorben. (…) Sie wissen, daß ich Ihren glücklichen Glauben nicht zu teilen vermag; Einsamkeit und das quälende Rätsel des Todes sind die beiden furchtbaren Dinge, mit denen ich jetzt den stillen unablässigen Kampf aufgenommen habe. Gleichwohl bin ich nicht der Mann, der leicht zu brechen ist, ich werde keines der geistigen Interessen, die mich bis jetzt begleitet haben, und die zur Erhaltung meines Lebens gehören, fallen lassen; denn vor mir – wie es in einem Gedichte heißt – liegt Arbeit, Arbeit, Arbeit! – Und sie soll, so weit meine Kraft reicht, getan werden.

Nun aber kommen meine Kinder und ich bei Ihnen betteln. Sie besitzen ein Bild unserer geliebten Toten, das am genauesten ihre äußere Erscheinung wiedergibt, wenn auch jener Ausdruck süßester, holdester Herzensgüte nicht darin lebendig geworden ist, der, wo sie immer gelebt hat, alle Menschen entzückte und ihr alle Herzen gewann. Wenn Sie das Bild noch besitzen, so geben Sie es uns zurück. Ich werde Photographien davon machen lassen, und Ihnen davon eine, sowie später auch eine Photographie eines schönen en face aufgenommenen Kreidebildes schicken, an dem der Maler, mein Freund Ludwig Pietsch, der es in glücklicher Zeit gezeichnet hat, aber noch einen etwas fremden Zug um den Mund beseitigen muß. Wenn Sie die Güte haben, uns jenes Typbild zu schicken, so sind Ihre Frauen wohl so freundlich, es in ein sicheres Kästchen fest einzulegen, denn ich zittere vor einer Verletzung dieses unersetzlichen Kleinods.

Wie wenn das Leben

Wie wenn das Leben wär nichts andres,
Als das Verbrennen eines Lichts!
Verloren geht kein einzig Teilchen,
Jedoch wir selber gehn ins Nichts!

Denn was wir Leib und Seele nennen,
So fest in eins gestaltet kaum,
Es löst sich auf in Tausendteilchen
Und wimmelt durch den öden Raum.

Es waltet stets dasselbe Leben,
Natur geht ihren ew'gen Lauf;
In tausend neuerschaffnen Wesen
Stehn diese tausend Teilchen auf.

Das Wesen aber ist verloren,
Das nur durch ihren Bund bestand,
Wenn nicht der Zufall die verstäubten
Aufs neu zu einem Sein verband.

Aus einem Brief an die Tochter Lisbeth, März 1870

Ich habe in diesen Tagen zwei kleine Elegien fertiggemacht und leider dabei erfahren, daß meine Zeit des Dichtens wohl vorüber ist, Gedanke und Anschauung prägt sich nicht mehr so von selbst aus, wie das einst der Fall war. Doch will ich sie Dir hierhersetzen.

Constanze
1
Längst in das sichere Land der Vergangenheit warst du geschieden;
Nun, wie so viele zuvor, dämmerte wieder ein Tag.
Laut schon sangen die Schwalben; da neben mir krachte das
             Bettchen,
Und aus dem rosigen Schlaf hob sich ein Köpfchen empor.
„Ebbe!" so rief ich, „Klein Ebbe!" – Da kniete sie schon in den
             Kissen;
Aber geheimnisvoll blickten die Augen mich an.
„Ebbe?" frug sie zurück, und leis aus innerstem Herzen
Klang's wie ein Lachen heraus: „Elschen hieß ich ja sonst!
Wer doch nannte mich Elschen?" Da plötzlich fiel es wie Schatten
Über das Kindergesicht; trüb sich umflorte das Aug.
„Ja, wer nannte dich so?" – Und zögernd kamen die Worte:
„Meine Mutter." Und still senkte das Köpfchen sich nun.
Lange kniete sie so. Den sterblichen Augen unfaßbar
War sie dem Kinde genaht, die mich so lange beglückt.

2
Nicht dem Geliebten allein, wie vielen wardst du entrissen!
Glaubten die Freunde doch kaum, ohne dich blühe die Welt. –

125

Deine geliebten Rosen, nur dreimal blühten sie wieder,
Und deinen Namen wie lang hab ich von keinem gehört.
Ratlos wandert die Zeit, in den Augen der Kinder verdämmert
Mählich dein Bild, und bald – wer noch wüßte von dir!
Denn so schwindet der Menschen Gedächtnis: Siehe, noch einmal,
Höher als zuvor hebt es die spiegelnde Flut;
Scheidender Abendstrahl der Sonne verklärt es noch einmal;
Doch wie die Welle verrauscht, nimmt und begräbt es die Nacht.

Aus einem Brief an Ludwig Pietsch, Husum, 5. April 1870

Lieber Freund Pietsch, ich schriebe Dir lieber zu einer andern Zeit; aber ich mag die Antwort an Eure Anna nicht so abgehen lassen. Mein körperliches Befinden, das seit einigen Monaten leidlich gut war, ist jetzt wieder gesunken; Kongestionen nach dem Gehirn, schwere Füße sind Dinge, die mir mitunter wie „Beginn des Endes" vorkommen, was denn im Hinblick auf das kleine Gesindel nicht eben tröstlich ist.

An Klaus Groth

Wenn't Abend ward,
Un still de Welt un still dat Hart;
Wenn möd up't Knee di liggt de Hand,
Un ut din Husklock an de Wand
Du hörst den Parpendikelslag,
De nich to Woort keem över Dag;
Wenn't Schummern in de Ecken liggt,
Un buten all de Nachtswulk flüggt;
Wenn denn noch eenmal kiekt de Sünn
Mit golden Schiin to't Finster rin,
Un, ehr de Slap kümmt un de Nacht,
Noch eenmal allens lävt un lacht, –
Dat is so wat vör't Minschenhart,
Wenn't Abend ward.

Beginn des Endes

Ein Punkt nur ist es, kaum ein Schmerz,
Nur ein Gefühl, empfunden eben;
Und dennoch spricht es stets darein,
Und dennoch stört es dich zu leben.

Wenn du es andern klagen willst,
So kannst du's nicht in Worte fassen.
Du sagst dir selber: „Es ist nichts!"
Und dennoch will es dich nicht lassen.

So seltsam fremd wird dir die Welt,
Und leis verläßt dich alles Hoffen,
Bis du es endlich, endlich weißt,
Daß dich des Todes Pfeil getroffen.

Aus einem Brief an den Sohn Ernst, Husum, 16. Mai 1871

Mein lieber Junge!

Danke für Deine herzlichen Briefe! Laß mich sie nie entbehren. Bessere Tinte wäre noch besser. (...)

Ich bin dieser Tage mit einer recht drückenden Empfindung umhergegangen. Ich habe nach langer sorgfältiger Arbeit „Eine Halligfahrt" endlich vollendet, in 3 Kapiteln; „Unterwegs" – „Auf der Hallig" – „Posthume Blätter". Aber – liegt es an dem zu großen Schilderungsmaterial, an der unrichtigen Verbindung desselben mit novellistischer Zutat oder an dem Mangel persönlicher Frische und Kraft – es ist nicht so, wie es sein sollte. Entsinnst Du dich noch, wie Du als Knabe unter hervorspringenden Tränen mich fragtest: „Ums Geld, Vater? Ums Geld?" Nun, damals hatte es nichts zu sagen, wenn es auch ums Geld war; denn wenn ich ein M.S. absandte, so hatte ich stets das Bewußtsein: „Das ist gut, keiner macht eben dies dir nach, du kannst darauf pochen." Nun habe ich vorigen Donnerstag (heute ist Dienstag) trotzdem (die andern drängten mich) das M.S. an Rodenberg für den Salon abgeschickt. Du glaubst nicht, wie mich das diese Tage bedrückt hat. Freilich hatte ich es noch einmal durch- und umgearbeitet; möglich auch, daß es mir weniger gut erscheint als es vielleicht ist, da ich so viel damit herumgearbeitet.

Jedenfalls habe ich gestern wieder an Rodenberg geschrieben, das ihm eingesandte M.S. wolle mir aus der objektivierenden Ferne nicht mehr recht gefallen, und stellte ich anheim, es mir zurückzusenden. Danach ist eine gewisse Ruhe bei mir eingekehrt. Erwarten wir nun, welchen Eindruck es dort gemacht hat.

... Hätte ich übrigens silberne Flügel diesen Sommer, so flöge ich doch wohl zu Dir und Hans. Gut wär's, wenn ich mal herauskäme. Nach Hamburg, nach Altona will ich jedenfalls und mich an Ludwigs aufstrebendem Genius erquicken, vor dem jetzt Möller auch Respekt bekommt und meint, der könne noch mal etwas Bedeutendes leisten. – Dann ist mein Denken, im Herbst, wenn Du auch erst in Leipzig bist, dahinzukommen und Euch alle dort zu besuchen. Urlaub erhalte ich ja wohl. Nach silbernen Flügeln will ich mich umtun.

Brief an den Sohn Ernst, 22. Mai 1871

Mein lieber Junge, es ist nichts mit den silbernen Flügeln; Roden-berg hat mir heute mit einigen Redensarten mein Manuskript zurück-geschickt. Zweierlei drückt mich doch sehr dabei, einmal, daß es so bergab mit mir geht, daß meine Schreiberei selbst für ein Journal nicht mehr gut genug ist, und daß ich dann wohl keine Aussicht mehr habe, auf diese Weise noch etwas für Euch zu verdienen. Es knüpft sich daran von selbst die dringende Bitte an Euch, Eure Zeit gewissenhaft zu benutzen; meine Arbeit nützt nicht mehr. Eure junge Arbeit aber bringt Euch vorwärts; jedes gewonnene halbe Jahr ist ein Großes für mich. – –

… – Eben kommt auch noch ein Brief von Hans, daß er für Klei-dung und Kollegiengelder 75 R. extra haben müßte, außerdem Geld zu neuen Büchern und einer Weste.

Mein alter Junge, ich bin furchtbar gedrückt; wo soll ich's schließ-lich hernehmen, ohne die kleinen Dinger, die noch um mich sind, ihres Erbteils gänzlich zu berauben! –

Das ist kein guter Brief, dieser, mein liebes Kind; aber ich kann nicht anders, als Dir immer mein ganzes Herz ausschütten. Ich werde mich ja auch wohl wieder aufrichten; nur freilich – auf den alten Körper da schleißt es, und daß das Dichten nun endlich rein aus ist, das ist eben kein Wunder.

Schreib mir bald einmal wieder, mein lieber Junge!

Dein Vater Th. Storm.

NB. Ich will doch sehen, ob ich nicht einen guten Kern aus dem M.S. herausarbeiten kann. Es ist doch viel Hübsches darin.

Geh nicht hinein

Im Flügel oben hinterm Korridor,
Wo es so jählings einsam worden ist,
– Nicht in dem ersten Zimmer, wo man sonst
Ihn finden mochte, in die blasse Hand
Das junge Haupt gestützt, die Augen träumend
Entlang den Wänden streifend, wo im Laub
Von Tropenpflanzen ausgebälgt Getier
Die Flügel spreizte und die Tatzen reckte,
Halb Wunder noch, halb Wissensrätsel ihm,
– Nicht dort; der Stuhl ist leer, die Pflanzen lassen
Verdürstend ihre schönen Blätter hängen;
Staub sinkt herab; – nein, nebenan die Tür,
In jenem hohen dämmrigen Gemach,
– Beklommne Schwüle ist drin eingeschlossen –
Dort hinterm Wandschirm auf dem Bette liegt
Etwas – geh nicht hinein! Es schaut dich fremd
Und furchtbar an.
                    Vor wenig Stunden noch
Auf jenen Kissen lag sein blondes Haupt;
Zwar bleich von Qualen, denn des Lebens Fäden
Zerrissen jäh; doch seine Augen sprachen
Noch zärtlich, und mitunter lächelt' er,
Als säh er noch in goldne Erdenferne.
Da plötzlich losch es aus; er wußt es plötzlich,
– Und ein Entsetzen schrie aus seiner Brust,
Daß ratlos Mitleid, die am Lager saßen,
In Stein verwandelte – er lag am Abgrund;

Bodenlos, ganz ohne Boden. – „Hilf!
Ach Vater, lieber Vater!" Taumelnd schlug
Er um sich mit den Armen; ziellos griffen
In leere Luft die Hände; noch ein Schrei –
Und dann verschwand er.
         Dort, wo er gelegen,
Dort hinterm Wandschirm, stumm und einsam liegt
Jetzt etwas; – bleib, geh nicht hinein! Es schaut
Dich fremd und furchtbar an; für viele Tage
Kannst du nicht leben, wenn du es erblickt.
‚Und weiter – du, der du ihn liebtest – hast
Nichts weiter du zu sagen?"
         Weiter nichts.

Schlaflos

Aus Träumen in Ängsten bin ich erwacht;
Was singt doch die Lerche so tief in der Nacht!

Der Tag ist gegangen, der Morgen ist fern,
Aufs Kissen hernieder scheinen die Stern'.

Und immer hör ich den Lerchengesang;
O Stimme des Tages, mein Herz ist bang.

Ein Leichenstein
Darauf der Tod mit stark gezahnten Kiefern

Dat is de Dod, de allens fritt,
Nimmt Kunst un Wetenschop di mit;
De kloke Mann is nu vergahn –
Gott gäw' em selig Uperstahn!

Es ist ein Flüstern

Es ist ein Flüstern in der Nacht,
Es hat mich ganz um den Schlaf gebracht;
Ich fühl's, es will sich was verkünden
Und kann den Weg nicht zu mir finden.

Sind's Liebesworte, vertrauet dem Wind,
Die unterwegs verwehet sind?
Oder ist's Unheil aus künftigen Tagen,
Das emsig drängt sich anzusagen?

Aus einem Brief an Ludwig Pietsch, Hademarschen-Hanerau,
31. August 1887

Mein lieber alter Freund!

Wie die Zeitungen berichteten, bist Du gleich mir im letzten Jahre dem Tode nahe gewesen; da wir aber beide noch die goldne Sonne sehen, so laß uns wenigstens eine kurze Nachricht von einander geben. Du hast Dein Kranksein hoffentlich ganz überwunden; bei mir hat das Greisenalter, das ich am 14. Septbr. antreten werde, oder richtiger, mit dem ich aus meiner fünfmonatlichen Bettlägerigkeit hervorging, das nicht zugelassen. Es ist so manches seltsam anders geworden, vor allem – ich habe das Vertrauen zum Leben verloren, das mir bisher eigentlich nicht enden zu können schien; es ist das vielleicht natürlich, denn es war die erste große Krankheit meines Lebens und sie traf mich an der Schwelle des Greisentums; ich habe etwas den Mut verloren, noch für mich selber etwas zu tun; trotzdem aber mag mir noch immerhin ein Dezennium nach Art der Familie beschert sein; denn Lebensverkürzendes, so sagen jetzt die Ärzte, obgleich der eine vor einem halben Jahre auf einen Magenkrebs verfiel – ist mir nicht nachgeblieben.

Aus einem Brief an Frau Mörike, Hademarschen, 1. Juni 1888

Das zweite Jahr nach meiner schweren Krankheit scheint mich statt hinauf, nur tiefer hinab zu führen; ich kann mich nicht mehr zurechtleben. Eine außerordentlichste Verdauungsschwäche ist seit Anfang März, wo ich den „Schimmelreiter" vollendet hatte, immer mehr aufgetreten, deren Folgen mir stete schlaflose Nächte bereiten und mich so heruntergebracht haben, daß ich total arbeitsunfähig bin, und ein Brieflein, wie dies, nur selten von mir geleistet werden kann. Ich weiß wohl, es führt noch nicht zum letzten Ende und hoffe auf etwas Sommerwärme, die noch immer nicht kommen will, wenngleich es in meinem großen Garten blüht und grünt und unablässig vom Gesang des Schwarzplättchens und des Gartenlaub-sängers klingt.

Nachwort und Biographie

Nachwort

Die illustrierte Ausgabe von Storms Novelle „Der Schimmelreiter"
im Gerstenberg Verlag hat ein überaus freundliches Echo bei den Le-
sern gefunden – ein Beweis dafür, daß das Ansehen, das der Husu-
mer Dichter bereits zu Lebzeiten als P r o s a schriftsteller genoß,
ungeschmälert fortbesteht. Auch die hier vorgelegte Lyrikauswahl
hofft auf ein aufnahmebereites Publikum, denn eine vergleichsweise
stattliche Anzahl von Storms Gedichten wird in den deutschspra-
chigen Schullesebüchern tradiert und lebt darüber hinaus im Ge-
dächtnis der Älteren fort.

Diese Tatsache hätte Storm sehr erfreut, hat er sich doch oft dar-
über beklagt, daß seine Lyrik wenig Widerhall hervorrief. So an-
sehnlich seine Erfolge als Novellist waren, so sehr fühlte er sich als
Lyriker von den Kritikern und dem Publikum verkannt. Die erste
Ausgabe der Gedichte von 1852 erlebte zwar bis zu seinem Tode sie-
ben Auflagen, doch die Stückzahl war bescheiden und das Echo ge-
ring, besonders wenn man bedenkt, daß Geibels Gedichte einhun-
dert Auflagen während der Lebenszeit des Schriftstellers erreichten.

Ausschlaggebend für Storms geringen Erfolg war unter anderem
seine Einstufung als „Heimatlyriker". Die Kritik betrachtete ihn als
einen hinter der Zeit Herdichtenden, den man weder zur Romantik
noch zum Jungen Deutschland, geschweige denn eindeutig zum
Realismus oder zum Naturalismus rechnen konnte. Daß Storm
dank seiner Novellen zu den meistgelesenen deutschen Autoren des
19. Jahrhunderts gehörte, drang kaum in das Bewußtsein der Rezen-
senten. Erst nach seinem Tode wuchs das Verständnis für seine Eigen-
art und begann man die besonderen Qualitäten seiner Lyrik zu er-
kennen – Qualitäten, von denen die verliegende Ausgabe Zeugnis

ablegt. Die Werke der zeitgenössischen Erfolgsautoren Geibel und Heyse (letzterer erhielt 1910 den Nobelpreis für Literatur) finden sich in keinem Lesebuch mehr, sie sind in Vergessenheit geraten; Storms Lyrik dagegen erfreut sich wachsender Beliebtheit, und die Zeit scheint gekommen, daß man sich auch den unbekannteren seiner Gedichte öffnet.

Was zeichnet nun Storms Lyrik aus? Wodurch heben sich seine Verse von denen seiner Konkurrenten ab, und was sicherte ihr Überleben bis in unsere Tage? Es ist vor allem die im Wesen Storms begründete und von ihm auch in der Kunst erstrebte Balance zwischen Schlichtheit und Raffinesse, der Ausgleich zwishen derbem Zupacken und weicher Gemütsstimmung, zwischen erotischer Leidenschaft und inniger Liebesfähigkeit. Storm hat sich durchaus extremen Gefühlen hingegeben, aber bei der Darstellung der Erlebnisse vermeidet er dank seines ausgeprägten Taktgefühls verletzende Schärfe und alles Anstößige. Auf diese Weise wuchs ihm im Laufe der Zeit ein breiteres, vorwiegend bürgerliches Publikum zu als dem oft ironisch-sarkastischen Heinrich Heine. So wie Storms Brotberuf und sein Dichten harmonisch parallel verlaufen und es für ihn keinen unvereinbaren Gegensatz zwischen Kunst und Leben gibt, so ist seine Lyrik weder einseitig akademisch glatt, noch zerbricht ihre Form an extremen Inhalten. Verstiegenheit in jeder Beziehung ist Storm fremd. Daher findet man bei ihm weder pathetische Hymnen noch Oden und – mit Ausnahme einiger Distichen, Stanzen und Ritornelle – keine komplizierten Versmaße oder Strophenformen. Er scheut philosophische Traktatlyrik wie auch historische Balladen, und wenn er als patriotisch gesinnter Schleswig-Holsteiner während der Freiheitsbewegung um 1848 radikal anmutende politische Gedichte schrieb, dann handelt es sich dabei für ihn um ein notgedrungen übernommenes Pflichtpensum, das er in plakativem Stil erledigt; er verfaßt Verse, die er selbst abschätzig als „gereimte Zeitungsartikel" bezeichnet. Zwar ist er durchaus mit den sozialen und politischen Problemen seiner Epoche vertraut, aber diese berühren nicht sein Innerstes und haben sein poetisches Schaffen kaum inspiriert.

Die Quellen seiner Dichtung liegen vielmehr im „Erlebnis", wie er es selbst nennt, in der „Seelenstimmung", im „Naturlaut" und der „Melodie des Herzens". Er meint damit ein sehr privates, individuelles Gestimmtsein innerhalb der engen, aber überschaubaren Welt seiner Heimat, das Geborgensein in einem intensiven Familienleben und in der bürgerlichen, hierarchisch geordneten, kleinstädtischen Gesellschaft Husums – ob stets ohne die „Provinzsimpelei", die der Großstädter Fontane einmal monierte und die Storm entrüstet in Abrede stellte, kann der Leser selbst entscheiden.

Hieraus ergeben sich Storms wichtigste Themenkreise, und damit die Gliederung des vorliegenden Buchs: die heimatliche Landschaft; die Liebe von der zartesten bis zur leidenschaftlichsten Ausprägung in bezug auf seine beiden Ehefrauen Constanze Esmarch und Dorothea Jensen; Glück und Sorgen im Umgang mit den acht Kindern; und schließlich das behagliche Zusammensein mit Freunden, in deren Gegenwart der Hausherr gern aufregende oder besinnliche eigene Werke vorträgt.

Das oben erwähnte Bestreben Storms, Gegensätze auszugleichen und bipolar zu denken, wird im Themenkreis „Liebe" besonders deutlich: Sein Verhältnis zu den Frauen läßt sich mit den Begriffen „leidenschaftlicher Liebhaber" beziehungsweise „zartfühlender Gatte" nur zum Teil richtig charakterisieren. Er befürchtet nämlich stets, daß ihn die geliebte Frau verlassen könnte, und spürt schon in jungen Jahren das unstillbare Verlangen danach, „e w i g geliebt zu werden". Das Bewußtsein, daß glücksgesättigte Augenblicke vergänglich sind, und zugleich die Erfahrung, daß statt der ersehnten „Ewigkeit" der Tod die einzige Gewißheit ist, bilden daher einen weiteren wichtigen Themenkreis in Storms Schaffen. Die innere Spannung, unter der er ständig stand, konnte ihn aber nicht aus der Bahn werfen, so intensiv er auch die jeweiligen seelischen Stimmungen durchlebte. Die erstrebte Balance zwischen Glück und Verzweiflung stellte sich am Ende, wenngleich manchmal nur mühsam errungen, wieder ein. Sie spiegelt sich auch in seinen Gedichten, und zwar in dem, was man analog zu der leisen Stimme des Amtsrichters Storm den „leisen Ton" nennen konnte, den in sich zurückgenommenen Ausdruck, der sich am besten mit unsentimentaler, beharrlicher Schwermut kennzeichnen läßt.

Zur unangestrengt wirkenden Ausbalancierung der erlebten Gegensätze tragen wesentlich die von Storm gewählten *formalen Mittel* bei; diese gestalten ein *Kunstgebilde* aus dem zugrundeliegenden Erlebnis. In der Vorrede zu seiner Anthologie „Hausbuch aus deutschen Dichtern" (1870) fordert er, „den Gehalt in knappe und zutreffende Worte auszuprägen …, da bei dem geringen Umfange schon *ein* falscher und pulsloser Ausdruck die Wirkung des Ganzen zerstören kann; diese Worte müssen auch durch die rhythmische Bewegung und die Klangfarbe des Verses gleichsam in Musik gesetzt und solcherweise wieder in die Empfindung aufgelöst sein, aus der sie entsprungen sind." Wie ernst es ihm damit war, kann man interessanten Einzelheiten aus den Erinnerungen des Literaturwissenschaftlers Karl Emil Franzos entnehmen, die auch von anderen

Beobachtern bestätigt werden: „Er kürzte und kondensierte hinterdrein unablässig, vielleicht öfter und mehr als nötig, und sein Eifer, das bezeichnendste Wort zu finden, scheute auch da, wo es sich um Kleines und Unwichtiges handelte, keine Mühe. Hier ein Beispiel: ‚Sie kann es nicht lassen', sagte der Oberförster zu seiner Frau, ‚den allzeit Hungrigen Brosamen auszustreuen, sei es nun der Bub oder seien es nun unseres Herrgotts Krippenfresser!'. Statt der letzten drei Worte stand im Manuskript ursprünglich ‚die Sperlinge', dann ‚die Spatzen', dann ‚Spatz und Taube', endlich die obige Wendung."

Auch dem Satzbau gilt Storms Aufmerksamkeit. Da ihm rhetorischer Pomp zuwider ist und er die klassizistische Attitüde der Gründerzeit ablehnt, verwendet er gern einfache Hauptsätze, wie zum Beispiel in dem meisterhaften kurzen Gedicht „Juli", das darüber hinaus eine Fülle weiterer Gestaltungsmittel aufweist:

> Klingt im Wind ein Wiegenlied,
> Sonne warm herniedersieht,
> Seine Ähren senkt das Korn,
> Rote Beere schwillt am Dorn,
> Schwer von Segen ist die Flur –
> Junge Frau, was sinnst du nur?

Bewußt gewählte Alliterationen verstärken die Stimmung, die geschaffen werden soll (Wind – Wiegenlied – warm; seine – senkt; schwillt – schwer). Der kalkulierte Wechsel von ein- und mehrsilbigen Wörtern bewirkt einen fließenden Rhythmus (Wind – Wiegenlied – herniedersieht). Die sorgfältige Wahl des Vokal- und Konsonantenanteils an den einzelnen Silben (senkt – schwillt – sinnst; Ähren – Beere) sowie der Wechsel von langen und kurzen Vokalen (Wind – Wiegenlied; rote Beere – schwillt) und die Bevorzugung stimmhafter Konsonanten in diesem Sommergedicht (Wind – Wiegenlied – Sonne – warm – senkt – Beere – schwillt – schwer – Segen – sinnst) bringen das Lied zum Klingen.

Die harmonische Wirkung, die von Storms gelungenen Gedichten ausgeht, ist also das Ergebnis eines selbstkritisch tätigen Kunstverstandes. Der Dichter hat sich zunächst mehrere Jahre mit der als Vorbild betrachteten Lyrik Eichendorffs, Arnims, Uhlands, Mörikes und Heines auseinandergesetzt, bevor er das schlichte, strophisch gegliederte *Lied* als diejenige Lyrikart erkannte, die ihm am besten entsprach, da sich das Gefühl unmittelbar darstellen ließ. Den für ihn typischen Stil benutzt er seit der Verlobung mit seiner Cousine Constanze Esmarch; das ihn tief berührende Glück und Leid dieser neunzehn Jahre währenden Verbindung hat er unablässig in Gedichten dargestellt.

Nach dem Tode seiner Frau (1865) spürte Storm mit quälender Deutlichkeit, daß die Quelle seiner Inspiration versiegte. Er fühlte sich außerstande, noch ein brauchbares Gedicht hervorzubringen. „Das ist nicht nur so hingesagt", schrieb er am 6. Juli 1865 an Eduard Mörike, „außer ein paar Versen, die die Sehnsucht nach ihr hervorrief, habe ich niemals eine Zeile geschrieben, wenn sie nicht bei mir war. Nur wenn ihre Hand mich festhielt auf der heimatlichen Erde, konnte ich sorglos in die luftige Traum-Region hinaufsteigen." Und in einem Brief an Klaus Groth vom 9. April 1869 bezeichnete er sich als einen „pensionierten Poeten".

Zwar gelangen ihm später noch einige Verse, in denen er durch Aussparen und Andeuten eine besonders dichte Wirkung erzielte – zum Beispiel „Frauen-Ritornelle" (1870–75), „Über die Heide" (1875), „Geh nicht hinein" (1875) und „Komm, laß uns spielen" (1881) – aber seine Hauptschaffensperiode als Lyriker beschränkt sich auf die gut zwanzig Jahre von 1843 bis zum Tode seiner Frau.

Bei der Herausgabe seiner Gedichte legte Storm strenge Maßstäbe an und merzte alles aus, was ihm inhaltlich zu privat und formal mißlungen erschien. Die Auswahl aus seiner veröffentlichten Lyrik, die in diesem Band vorliegt, wurde mit einer gewissen Absicht getroffen: Was als zu zeitbedingt und goldschnittartig betrachtet wurde, blieb unbenutzt zwischen den Einbänden der alten Ausgaben, denn es galt den Storm-Liebhabern der Gegenwart eine moderne Anthologie in die Hand zu geben und gleichzeitig etwaigen Skeptikern den Zugang zu dem „poetischen Nordlicht" des 19. Jahrhunderts nicht unnötig zu erschweren. Die Auszüge aus den Briefen und autobiographischen Schriften mögen die Lebensumstände und das Denken des Dichters verdeutlichen.

Heinz Siedler

Theodor Storm

(1817–1888)

1817   Am 14. September wird Hans Theodor Woldsen Storm als erstes Kind des Advokaten Johann Casimir Storm und seiner Ehefrau Lucie, geb. Woldsen, in Husum geboren. Zu den Jugenderinnerungen gehören Ferienbesuche bei der Urgroßmutter Feddersen (dort gab es einen einsam gelegenen Rokoko-Garten) und in der Heimat des Vaters (Wasser- und Windmühle in Westermühlen). Der junge Storm streift auch im geheimnisumwitterten Rittersaal des herzoglichen Schlosses umher.

1821–26	Schulbesuch in Husum.
1826	Einschulung in die Quarta der Gelehrtenschule in Husum, einer „Klitsche".
1828	Storm schreibt anläßlich des Todes seiner Schwester Lucie erste Gedichte. Beginn der Jugendliebe zu Berta von Buchan. Die 17jährige lehnte seinen Heiratsantrag 1842 ab.
1828–30	Storm besucht 1 1/2 Jahre lang das Katharineum in Lübeck, wo er Emanuel Geibel kennenlernt.
1837–42	Studium der Jurisprudenz in Kiel und Berlin. Storm schließt in Kiel Freundschaft mit dem Historiker Theodor Mommsen und dessen Bruder Tycho.
1840	Erste Gedichte erscheinen im „Album der Boudoirs" der Zeitschrift „Europa".
1841	Storm beginnt zusammen mit Theodor Mommsen schleswig-holsteinische Sagen, Märchen und Lieder zu sammeln. Er beschäftigt sich mit der Lyrik von Goethe, Heine, Eichendorff und Mörike.
1843	Das „Liederbuch dreier Freunde" erscheint als Gemeinschaftsleistung der Brüder Mommsen und Storms. Storm selbst hat 40 Gedichte beigesteuert.
1843–52	Storm arbeitet als Rechtsanwalt in Husum.
1844	Storm verlobt sich mit seiner Cousine Constanze Esmarch (geb. 1825) ohne vorherige Einwilligung beider Elternpaare. Er schreibt Gedichte und Briefe an seine Braut.
1846	Am 15. September, nach einer von Storms Vater durchgesetzten Wartezeit, findet die Eheschließung statt.
1847	Storm entdeckt seine Liebe zu Dorothea („Dodo" beziehungsweise „Do") Jensen, seiner späteren zweiten Frau.
1848	Vom Frühjahr bis zum Herbst berichtet Storm als politischer Journalist für Mommsens „Schleswig-holsteinische Zeitung" aus Husum. Er engagiert sich in der Freiheitsbewegung. Dorothea Jensen verläßt Husum. Storms erster Sohn Hans wird geboren.

1849	Die Novelle „Immensee" erscheint.
1850	Storm schreibt politische Gedichte anläßlich der kriegeri- schen Auseinandersetzung zwischen Schleswig-Holstein und Dänemark.
	Beginn des Briefwechsels mit Eduard Mörike.
1851	Storms Sohn Ernst wird geboren.
	Das erste eigene Buch des Autors erscheint unter dem Ti- tel „Sommergeschichten und Lieder" in Berlin.
1852	Storm erhält Berufsverbot wegen antidänischer Betäti- gung. Er bewirbt sich in Berlin um eine Anstellung im preußischen Justizdienst.
	Im Berliner literarischen Verein „Tunnel über der Spree" trifft er Theodor Fontane. Storm wird Mitglied des lite- rarischen Klubs „Rütli" (mit Adolph Menzel, Theodor Fontane, Friedrich Eggers und Paul Heyse).
	In Kiel erscheint die erste Ausgabe seiner Gedichte, die bis zu seinem Tod siebenmal wieder aufgelegt wird.
1853	Storms Sohn Karl wird geboren.
	Im November wird Storm in Berlin auf die preußische Verfassung vereidigt und übersiedelt nach Potsdam.
	Beginn des Briefwechsels mit Fontane.
1854	Storm lernt Joseph v. Eichendorff kennen.
	Beginn des Briefwechsels mit Paul Heyse.
1855	Geburt der Tochter Lisbeth.
	Der Dichter besucht Mörike in Stuttgart.
1856	Im Juli wird Storm zum Kreisrichter in Heiligenstadt er- nannt.
	Briefwechsel mit dem Maler Ludwig Pietsch.
	In Berlin erscheint die zweite Auflage seiner Gedichte.
1859	Storm gibt die Anthologie „Deutsche Liebeslieder seit Jo- hann Christian Günther" heraus.
1860	Storms Tochter Lucie wird geboren.
	Weitere politische Gedichte erscheinen.

1863	Geburt der Tochter Elsabe.
1864	Krieg zwischen Dänemark und Preußen/Österreich. Storm scheidet aus dem preußischen Justizdienst aus und wird oberster Justiz- und Verwaltungsbeamter der demokratischen Selbstverwaltung in Husum.
1865	Am 4. Mai wird Storms Tochter Gertrud geboren. Am 24. Mai stirbt Constanze am Kindbettfieber. Im September besucht Storm den russischen Schriftsteller Iwan Turgenjew in Baden-Baden.
1866	Österreich-preußischer Krieg. Preußische Truppen marschieren in Holstein ein.
1867	Ganz Schleswig-Holstein fällt an Preußen. Storm wird Amtsrichter (mit zwei Dritteln seiner bisherigen Bezüge) im ungeliebten preußischen Justizdienst. Am 13. Juni heiratet er Dorothea Jensen.
1868	Geburt der Tochter Friederike. In Braunschweig erscheint die erste Ausgabe der „Sämtlichen Schriften".
1869	Storm gibt die Anthologie „Hausbuch aus deutschen Dichtern seit Claudius" heraus.
1870	Storm befürwortet den Krieg gegen Frankreich, lehnt es jedoch ab, „Schutz- und Trutzlieder" zu schreiben.
1871	Beginn des Schriftwechsels mit dem österreichischen Literaturhistoriker Emil Kuh.
1874	Storm wird zum Oberamtsrichter ernannt. Im November stirbt sein Vater. Die Novellen „Pole Poppenspäler" und „Viola tricolor" erscheinen.
1875	Storm erfährt als Novellist wachsende Anerkennung.
1876	Die Novelle „Aquis submersus" erscheint.
1876–77	Storm fährt mehrmals nach Würzburg, um seinen alkoholgefährdeten Sohn Hans dazu zu bewegen, das medizinische Examen abzulegen.

1877	Beginn der Freundschaft mit dem Literaturwissenschaftler Erich Schmidt und des Briefwechsels mit Gottfried Keller.
1879	Storm wird zum Amtsgerichtsrat ernannt. Im Juli stirbt seine Mutter.
1880	Der Dichter ist amtsmüde und wird vorzeitig pensioniert.
1881	Storm bezieht seine „Altersvilla" in Hademarschen.
1882	Der Dichter wird mit dem Maximiliansorden für Kunst und Wissenschaft ausgezeichnet.
1885	Bekanntschaft mit Wilhelm Raabe in Braunschweig.
1886	Storm leidet an einer schweren Lungen- und Rippenfellentzündung. Der Sohn Hans stirbt in Aschaffenburg.
1887	Feiern und Ehrungen zum 70. Geburtstag des Dichters in Hademarschen.
1888	Storm stirbt am 4. Juli an Magenkrebs und wird am 7. Juli in Hademarschen beigesetzt.

Verzeichnis der Gedichte

A

B, C, D

E, F

G, H, I, K

M, N, O

R, S, Ü

V, W, Z

Inhaltsverzeichnis